INHALT

Die wichtigsten
MARCO POLO Highlights

Sehenswürdigkeiten, Orte und Erlebnisse, die Sie nicht verpassen sollten

1. **Kunstfest Weimar**
Das Programm verzeichnet renommierte in- und ausländische Künstler (Seite 17)

2. **Zwiebelmarkt Weimar**
Zu dem beliebten, traditionsreichen Volksfest gehören neben den geflochtenen Zwiebelzöpfen auch Theater, Musik und Varieté (Seite 17)

3. **Herzogin Anna Amalia Bibliothek**
In dem prunkvollen Rokokosaal ist schon Goethe ein- und ausgegangen (Seite 23)

4. **Gedenkstätte Buchenwald**
Erinnerungen an das schrecklichste Kapitel deutscher Geschichte (Seite 29)

5. **Stadtkirche St. Peter und Paul**
Auf den Stühlen des Gotteshauses saß schon viel Prominenz (Seite 30)

6. **Belvedere**
Einer der drei Sommersitze des Weimarer Hofes mit Barockschloss und einem bezaubernden Park (Seite 34)

7. **Goethe Nationalmuseum**
Goethes Wohnhaus ist der Besuchermagnet von Weimar (Seite 41)

Barockschloss Belvedere

MARCO POLO

Weimar

mit Umgebung

Reisen mit Insider Tipps

Autor dieses Führers ist der Journalist
Bernd Wurlitzer, dessen Spezialgebiete
Tourismus, Gastronomie und Hotellerie
in den neuen Bundesländern sind.
Mitgearbeitet hat Kerstin Sucher.

marcopolo.de

Die aktuellsten Insider-Tipps finden Sie unter
www.marcopolo.de, siehe auch Seite 96

MAIRS GEOGRAPHISCHER VERLAG

SYMBOLE

Marco Polo Insider-Tipps:
Von unserem Autor für Sie entdeckt

★ **Marco Polo Highlights:**
Alles, was Sie in Weimar kennen sollten

Hier haben Sie eine schöne Aussicht

Wo Sie junge Leute treffen

PREISKATEGORIEN

Hotels

€€€	über 120 Euro
€€	80–120 Euro
€	bis 80 Euro

Preise pro Nacht für zwei Personen im Doppelzimmer mit Dusche/WC und Frühstück.

Restaurants

€€€	über 15 Euro
€€	10–15 Euro
€	bis 10 Euro

Preise für ein Hauptgericht ohne Vor- und Nachspeise und ohne Getränke.

KARTEN

[102 A1] Seitenzahlen und Koordinaten für den Cityatlas Weimar

[U A1] Koordinaten für den Innenstadtplan im hinteren Umschlag

[0] außerhalb des Cityatlas

Übersichtskarte Weimar mit Umgebung auf Seite 106/107

Zu Ihrer Orientierung sind auch die Objekte mit Koordinaten versehen, die nicht im Cityatlas eingetragen sind.

GUT ZU WISSEN

Welterbe **8** · Der Kubus im Ilmpark **14** · Entspannen & Genießen **32** Weimars geistige Elite **35** · Richtig fit! **37** · Mit zwei PS zu den Klassikern **47** · Goethe-Barometer **58** · Zimmer 100 **62** Eine Welt voller Spaß **81**

Im Freizeitpark Ega Cyriaksburg

8 Neues Museum Weimar
Das erste Museum in den neuen Bundesländern, das der zeitgenössischen Kunst gewidmet ist (Seite 43)

9 Schlossmuseum
Kunstschätze in wunderschönen klassizistischen Räumen (Seite 46)

10 Wochenmarkt
Zwiebelzöpfe, Kunsthandwerk und die berühmten Rostbratwürste (Seite 58)

11 Hotel Elephant
Thomas Mann hat mit seinem Roman »Lotte in Weimar« das Hotel weltberühmt gemacht (Seite 64)

12 Deutsches Nationaltheater
Goethes Traditionsbühne ist für alle Theaterinteressierten ein Muss (Seite 69)

Fassade des Hotels Elephant

13 Dornburg
Deutschlands Dichterfürst hat den Ort mit seinen drei Schlössern hoch über dem Saaletal zwanzig Mal besucht (Seite 72)

14 Ega Cyriaksburg in Erfurt
Einer der schönsten Parks in Deutschland mit Zehntausenden von Blumen und einem tollen Spielplatz (Seite 74)

15 Schloss Kochberg
Goethe eilte zu Fuß oder zu Pferd zu seiner Vertrauten Frau von Stein (Seite 76)

★ *Die Highlights sind in der Karte auf dem hinteren Umschlag eingetragen*

Entdecken Sie Weimar!

Weimar ist nicht nur Tummelplatz großer Geister wie Goethe und Schiller, sondern auch Studentenstadt mit Kunst, Kultur und Kneipen

Knabenfigur am Bürgerschulbrunnen in der Karl-Liebknecht-Straße

Weimar ist wieder in den Blickpunkt europäischen Kulturinteresses gerückt. Die Stadt hat zu neuer Identität gefunden, hat an Ausstrahlung und Anziehungskraft gewonnen, sich ein neues Image zugelegt. Nach Jahrzehnten der Vernachlässigung ist das thüringische Städtchen wie Phönix aus der Asche auferstanden. Etwa 500 Mio. Euro aus öffentlicher und privater Hand haben den Charme der in Jahrhunderten gewachsenen Stadt in den letzten Jahren wieder sichtbar gemacht. Mancher traute dem Städtchen, als es für 1999 mit dem Ehrentitel Kulturstadt Europas betraut wurde, nicht allzu viel zu. Weimar war abgestempelt als die verstaubte Stadt der Dichter und Denker, als eine Stadt, die ausschließlich Traditionen verhaftet ist.

Weimar ist natürlich immer noch die Klassikerstadt, doch heute ist es viel mehr. Das Kulturstadtjahr 1999 hatte Weimar als Herausforderung angesehen, die Stadt gab sich den notwendigen Ruck, und ihr gelang es, die provinzielle Enge abzustreifen und den musealen Staub wegzublasen. In einem gewaltigen Kraftakt wurde auch die Stadtentwicklung vorangetrieben, zahlreiche Straßen und Plätze erhielten neuen Glanz, Gebäude wurden saniert, Fassaden aufpoliert. Weimar präsentiert sich heute den Besuchern als Standort einer modernen, lebendigen Kulturszene. Mehr als je zuvor gelten heute Goethes Worte: »Wo finden Sie auf einem so engen Fleck noch so viel Gutes ...«.

Die Kultur beschränkt sich nicht mehr nur auf die Klassiker, auf die Museen und das Nationaltheater. Vielfalt und Kreativität sind die Leitmotive für Konzerte und Lesungen, Ausstellungen und Symposien, viele davon mit dem Anspruch der

Herzoglicher Sommersitz der Goethezeit: Schloss Belvedere

Welterbe

Die Unesco erklärte das »klassische Weimar« und die Bauhausstätten zum Kulturdenkmal der Menschheit

Auf Touristen scheint es magisch zu wirken: Seit die bedeutendsten historischen Bauten und Parkanlagen Weimars auf der Unesco-Welterbeliste stehen, kommen Besucher auch aus dem Ausland verstärkt in die Thüringer Kleinstadt – wegen der »großen kunsthistorischen Bedeutung öffentlicher und privater Gebäude und Parklandschaften aus der Blütezeit des klassischen Weimar«, wie es in der Unesco-Begründung heißt. Zu den Objekten des Welterbes gehören die Wohnhäuser von Goethe und Schiller, die Herzogin Anna Amalia Bibliothek, Stadtschloss und Wittumspalais, Stadtkirche mit Herderhaus und Altes Gymnasium, die Fürstengruft mit dem historischen Friedhof. Ferner zählen zu dieser Liste der Park an der Ilm mit Goethes Gartenhaus und dem Römischen Haus, die Parkanlage Belvedere mit Schloss und Orangerie, die Schlösser und Parks in Tiefurt und Ettersburg und seit Mai 2002 auch das Goethe-Schiller-Archiv. Bereits 1996 waren die Wirkungsstätten des Bauhauses – das Haus am Horn, die ehemalige Kunstschule und die ehemalige Kunstgewerbeschule – als Welterbe anerkannt worden.

Internationalität. Das Kunstfest Weimar, das jedes Jahr im Sommer stattfindet, steht als ein Beispiel dafür – mit Originalität und künstlerischen Ambitionen behauptet es sich in Deutschlands Festivallandschaft. Das Spektrum des Programms ist breit gefächert, und auch inhaltliche wie künstlerische Auseinandersetzungen werden nicht gescheut.

»Die Stadt hat zu neuer Identität gefunden«

Zu Weimar gehören nicht nur Goethe und Schiller. Weimar ist der Ursprungsort des von Walter Gropius gegründeten Bauhauses, der legendären Avantgarde-Kunstschule des 20. Jhs. Und in Weimar verabschiedete die Deutsche Nationalversammlung am 11. August 1919 die Weimarer Reichsverfassung, die erste demokratische Verfassung in Deutschland. Weimar repräsentiert deutsche Geschichte, gute und böse. Hier waren nicht nur Kultur und Geist zu Hause, sondern auch Unkultur und Barbarei. Die Stadt ist eng mit dem dunkelsten Kapitel in Deutschlands Geschichte verbunden. Nahe Schloss Ettersburg, wo seinerzeit über die Werte der Menschheit diskutiert worden war, errichteten die Nationalsozialisten das Konzentrationslager Buchenwald. Mehr als 60 000 Menschen brachten sie in der Nachbarschaft des humanistischen Geistes von Goethe und Schiller um. Nach dem Zweiten Weltkrieg drangsalierte der sowjetische Sicherheitsdienst die Bevölkerung. Der Name Weimar steht für Glanz und Elend deutscher Vergangenheit.

Im Kulturstadtjahr wurde versucht, den Weg von Kultur zu Barbarei, von Gut nach Böse deutlich zu machen: Die »Zeitschneise« wurde angelegt. Sie beginnt am Schloss Ettersburg, dem einstigen Musenhof der Herzogin Anna Amalia, der in der zweiten Hälfte des 19. Jhs. eine Renaissance erlebte. Kaum 50 Jahre danach marschierten nationalsozialistische Kolonnen in Weimar auf. Im Juni 1937 begann der Bau des Konzentrationslagers Buchenwald, wo die Zeitschneise endet. Entstanden ist eine Schneise durch den Wald, eine Schneise durch die Zeit. Die Stadt Weimar beabsichtigt, sie ebenfalls in die Welterbeliste aufnehmen zu lassen.

» Die Weimarer sind stolz auf das Erbe der Jahrhunderte «

Eine der bedeutendsten Einrichtungen der Stadt steht bereits auf der Welterbeliste: die Herzogin Anna Amalia Bibliothek mit ihrem großartigen Rokokosaal. Seit 1849 blieb sie baulich unverändert, doch der Buchbestand ist um ein Vielfaches gewachsen. Über 900 000 Bücher werden heute in ihr aufbewahrt, darunter kostbare Handschriften und Drucke. Unlängst hat die Erweiterung begonnen: Dazu werden das Rote und das Gelbe Schloss umgebaut, und zwei Tiefenmagazine entstehen, eines auf dem Platz der Demokratie und eines neben der Herzogin Anna Amalia Bibliothek. Weimar hat bis Ende 2004 die größte Baustelle in seiner Geschichte – in mehr als 4 m Tiefe entsteht eine »Stadt unter der Stadt«. Rund 24 Mio. Euro kostet das Projekt. Die Stadt wäre damit finanziell

Weimarer Frühlingsflair in der Schillerstraße mit Blick zum Wittumspalais

überfordert, und so beteiligen sich auch der Bund und das Land Thüringen daran. Damit die Einwohner und Touristen das Baugeschehen verfolgen können, wurde am Platz der Demokratie eine Aussichtsplattform errichtet.

Lange Zeit döste Weimar vor sich hin. Erst als Johann Wolfgang Goethe 1775 das schmucke Residenzstädtchen an der Ilm zum Wohnort wählte, war es mit der Ruhe vorbei. Christoph Martin Wieland war schon drei Jahre in der Stadt, die Herzogin hatte ihn als Prinzenerzieher hierher geholt. Nach Goethe kam Johann Gottfried Herder, und als Letzter des klassischen Quartetts fand Friedrich Schiller den Weg nach Weimar. Was wäre wohl aus der Residenzstadt geworden, hätten sich die vier hier nicht niedergelassen und wohl gefühlt, und hätte es nicht die aufgeschlossene Herzogin Anna Amalia und den kunstsinnigen Herzog Carl August gegeben? Weimar wäre heute eine thüringische Provinzstadt wie viele andere. So aber ist Weimar ein Muss in jedem Reiseführer über Deutschland, und sogar in jenen, die Europa im Großen abhandeln, fehlt die kleine Stadt im Freistaat Thüringen nicht. Denn in Weimar konzentriert sich auf engstem Raum deutsche und europäische Kulturgeschichte wie sonst nur in großen Metropolen.

»Die Studenten prägen das Leben in der kleinen Stadt«

Goethe, Schiller, Wieland und Herder haben in Weimar ihre Spuren hinterlassen. Goethe war bereits zu Lebzeiten eine Art Denkmal, nicht wenige suchten seine Nähe. Zu Weimar gehören aber auch Jean Paul, Johann Sebastian Bach und Richard Strauss. Weimar ist ferner die Stadt von Franz Liszt, der Kapellmeister in außerordentlichen Diensten war, von Max Liebermann, der einen Teil seiner Ausbildung in Weimar erhielt, von Marlene Dietrich, die hier Geigen- und Klavierunterricht nahm und von Friedrich Nietzsche, dem großen, umstrittenen Philosophen der Moderne. Weimar ist aber auch eine Stadt der Kunstschätze. Beispielsweise befindet sich im Schlossmuseum eine der größten Cranach-Sammlungen der Welt, ferner sind dort Gemälde von Albrecht Dürer, Johann Friedrich August Tischbein und Caspar David Friedrich zu sehen. Mit dem Neuen Museum besitzt die Stadt seit kurzem das erste Museum in den neuen Bundesländern, das der zeitgenössischen Kunst gewidmet ist. Auch in der Museumslandschaft geht Weimar ungewohnte Wege. Im jungen Weimar Haus führen Sie Bühnen-Spezialeffekte, Wachsfiguren und Multimediapräsentationen auf unterhaltsame Weise durch die Geschichte Thüringens und Weimars.

Dieselbe Elle wie an Weltmetropolen sollten Sie an Weimar nicht anlegen, denn Weimar ist eine mittlere Kleinstadt. Kurz nach 18 Uhr, wenn die Geschäfte geschlossen haben und die Rostbratwurststände auf dem Markt keinen Duft mehr verbreiten, werden in Weimar die Bürgersteige hochgeklappt. Die Einheimischen eilen nach Hause, die Touristen sitzen in den Hotels beim Abendessen. Doch Weimar schläft nicht, Weimar ist eine junge Stadt.

Der Marktplatz von Weimar mit Rathaus und Neptunbrunnen

Die rund 6000 Studenten der Bauhaus-Universität und der Musikhochschule prägen den Ort mit nur 62 000 Einwohnern. In der warmen Jahreszeit lümmeln die angehenden Architekten und Musiker bis zum Dunkelwerden auf den Wiesen der Parkanlagen, die einen lesen, die anderen spielen Gitarre. Danach zieht man in die Clubs und Kneipen, um zu diskutieren, zu trinken und zu feiern. Das junge Volk veranstaltet Workcamps und Performances und lädt zu Feten ein. Auch die Gäste aus den feinen Hotels wie »Elephant« und »Russischer Hof« finden es schick, nach Theater oder Konzert ein Bier oder Gläschen Wein an der Seite der jungen Leute zu trinken. Weit laufen muss keiner, denn in Weimar liegt alles dicht beieinander, die Museen gleichermaßen wie die Kneipen – rund 600 mal 500 m misst die Altstadtfläche. Bestandteil des jungen Weimar ist auch das ACC, das Autonome Cultur Centrum am Burgplatz. Als es junge Leute gründeten, wurden sie in der damals noch konservativen Stadt beargwöhnt. Denn mit seinem unkonventionellen Programm erregte das ACC Aufsehen. Es bietet Jazz, Theater, Vorträge und Lesungen, in den zwei Galerien sehen Sie zeitgenössische Kunst, das Lokal wird zum Kreis der besten Szenerestaurants Deutschlands gezählt. Das ACC gehört mittlerweile zu Weimar wie Goethes Wohnhaus. Die Worte, die der Dichterfürst 1828 unter einen Stich seines Hauses geschrieben hatte, gelten heute auch für das ACC und für die gesamte Stadt: »Warum stehen sie davor? Ist nicht Thüre da und Tor? Kämen sie getrost herein, Würden wohl empfangen sein.«

» In Weimar liegt alles dicht beieinander «

Von ACC bis Weimaraner

In der Klassikerstadt treffen Sie auf engagierte Weimarer und liebenswerte Weimaraner

ACC
Das Autonome Cultur Centrum, kurz ACC genannt, wurde in Weimar zu einer Institution. 1988 hatten zwei Studenten das seit Jahren leer stehende Haus am Burgplatz besetzt, es nach und nach wieder bewohnbar gemacht und mit kulturellem Leben erfüllt. Die DDR-Behörden duldeten alles stillschweigend. Nach der Wende konnte das Haus zu einem günstigen Preis gekauft werden. Im Erdgeschoss entstand das ACC-Café-Restaurant, und im ersten Stock wurde die Kleine Galerie weitergeführt mit Ausstellungen, die Furore machten. Im Nachbarhaus mietete man Räume für die Große Galerie. Etwa 150 Veranstaltungen gibt es jährlich im ACC, ferner etwa ein Dutzend Ausstellungen sowie Lesungen und Performances. Frank Motz, der Hausbesetzer von 1988 und einer der Chefs des ACC, bekam 1998 für sein Engagement den Weimar-Preis verliehen.

Bauhaus
Die 1919 gegründete Hochschule für Gestaltung ist ein Mythos, sie erlangte weltweite Wirkung über ihre eigentliche Lebensdauer hinaus. Das Staatliche Bauhaus wurde zum Synonym moderner Architektur und Formgestaltung, es gilt als die »modernste Kunstschule der Welt im 20. Jh.«. Walter Gropius als Gründer, Lyonel Feininger, Paul Klee und andere namhafte Künstler versuchten unter dem Dach des Staatlichen Bauhauses die Welt des Designs und der Architektur zu revolutionieren. Das Bauhaus siedelte 1925 nach Dessau über und wurde 1933 in Berlin durch die Nationalsozialisten aufgelöst. Vor allem nach dem Zweiten Weltkrieg prägten die Ideen des Bauhauses die moderne Architektur.

Das Café-Restaurant im Kulturzentrum ACC ist Szenetreff

Lichtskulptur
An jedem Wochenende, zum Kunstfest sogar täglich, rückt eine Lichtskulptur die Autobahnkirche Gelmeroda vor den Toren Weimars ins Blickfeld der Öffentlichkeit. Das strahlende Kunstwerk, das der Weimarer Peter Mittmann entwickelt hat, war ein Projekt des Kulturstadtjahres. Eingeschaltet wird das Licht bei Einbruch der Dunkelheit, ausgeschaltet um 24 Uhr. Die Gelmerodaer Kirche wurde durch die Zeichnungen des deutsch-ame-

rikanischen Malers Lyonel Feininger bekannt.

Literatur

Es wurde nicht nur in Weimar, sondern auch viel über Weimar geschrieben. »Thüringens berühmte Liebespaare« nennt sich das Buch von Fredo Frotscher, in dem er von Goethe und seiner Christiane, von Christoph Martin Wieland und Sophie Brentano, von Franz Liszt und Carolyne von Sayn-Wittgenstein und anderen Paaren so anschaulich erzählt, als habe er sie alle höchstpersönlich gekannt. Sigrid Damm zeichnet in ihrem Buch »Christiane und Goethe« ein Lebensbild von Christiane Vulpius, der Ehefrau Goethes. Informiert wird über ihre Herkunft, Kindheit, ihr Leben an der Wende vom 18. zum 19. Jh. und die gemeinsamen Jahre mit Goethe. Das Buch gibt auch Einblicke in den Lebensalltag des Dichterfürsten von 1788 bis zu Christianes Tod 1816. In »Weimar Anekdoten« schreibt Bernhard Hecker von Würsten, Fürsten, Goethe, Liszt und Tükke – die Spannbreite reicht bis in die Gegenwart.

Rebellion

Das hatte Weimar in seiner Geschichte noch nicht erlebt: Jung und Alt, Studenten, Professoren, Musiker und Handwerker gleichermaßen gingen im Jahr 2002 auf die Straße. Die Einwohner rebellierten, was deutschlandweite Medienaufmerksamkeit fand. Ihr Deutsches Nationaltheater sollte mit der namenlosen Bühne in Erfurt fusionieren, die Tradition des Deutschen Nationaltheaters wäre damit beendet gewesen. Als die Thüringer

Der Kubus im Ilmpark

Die Weimarer haben sich an den schwarzen, quadratischen Theaterkasten gewöhnt

Kubus wird das 17 mal 17 mal 17 m große schwarze Ungetüm genannt, das seit 1996 im Ilmpark nahe Goethes Gartenhaus steht. Die Proteste waren bei seinem Aufbau groß, so wie drei Jahre zuvor, als der Kubus im Hof des Stadtschlosses errichtet wurde. Viele Weimarer sahen in der »Black Box« eine profane Entweihung heiliger klassischer Stätten, andere verteidigten ihn als einen Akt moderner, provokanter Kunstarchitektur. Und sie hatten Recht: Die neue Bühne erwies sich als Publikumsmagnet. Der Kasten entstand, als Goethes »Urfaust« unter freiem Himmel im Schlosshof aufgeführt werden sollte. Um den Launen des Wetters nicht ausgeliefert zu sein, kam man damals auf die Idee, alles, was für eine Open-Air-Bühne gedacht war, kurzerhand in eine Kiste zu stecken. 340 Zuschauer finden in dem mobilen Theaterhaus Platz, es kann innerhalb weniger Wochen ab- und an anderer Stelle wieder aufgebaut werden. Zum Kulturstadtjahr war der Kubus eine der beliebtesten Spielstätten.

Besuchermagnet ersten Ranges: Goethes Gartenhaus im Park an der Ilm

Landesregierung die Schlinge zuziehen wollte, zogen Mahnwachen auf, wurden Unterschriften gesammelt, fanden Protestdemonstrationen statt. Mit Erfolg. Der Stadtrat mit dem Oberbürgermeister an der Spitze stellte sich gegen die Landesregierung, die Traditionsbühne in Weimar bleibt als selbstständiges Unternehmen bestehen. Sie hat eine GmbH gegründet und beschreitet damit in der Theaterlandschaft Deutschlands einen neuen Weg.

Statistisches

Weimar breitet sich an beiden Ufern der Ilm aus. Die Nord-Süd-Ausdehnung der Stadt beträgt 11,4 km, die Ost-West-Ausdehnung 8,9 km. Erstmals wurde Weimar 899 als »Vvigmaria« genannt, nach dem Schmalkaldischen Krieg wurde Weimar 1547 Residenz des Herzogtums Sachsen-Weimar. Weimar ist eine kreisfreie Stadt im Freistaat Thüringen. Partnerstädte sind Hämeenlinna (Finnland), Blois (Frankreich), Siena (Italien) und Trier (Deutschland).

Weimaraner

Die Einwohner von Weimar verbitten es sich sehr, »Weimaraner« genannt zu werden. Wer in Weimar wohnt, der ist ein Weimarer. Weimaraner sind Hunde! In einem gleichen diese jedoch den (meisten) Menschen der Stadt: Sie sind liebenswert. Die anderen Eigenschaften der bis zu 70 cm großen, leicht zu führenden Jagdhunde sind Intelligenz, Arbeitswilligkeit, Anhänglichkeit und Wachsamkeit. Die Herkunft der Hunde mit dem silbergrauen Fell ist unbekannt. Man weiß lediglich, dass sie anfangs nur in Thüringen gezüchtet wurden und es den Namen Weimaraner seit 1897 gibt. Heute soll es in Deutschland etwa 4000 Weimaraner geben.

Feste, Events und mehr

Jede Menge Kultur – Tanztheater, Museumsnacht und Jazz

Was den Gästen geboten wird, ist für eine Kleinstadt beachtlich. Das Kunstfest und der Zwiebelmarkt haben schon lange

Auf dem Zwiebelmarkt

überregionale Bedeutung erlangt. Aber auch manch andere Veranstaltung ist für viele Anlass, nach Weimar zu reisen. Den Abschluss im Veranstaltungskalender bildet der Weihnachtsmarkt mit seinen geschmückten Buden, dem Lichtermeer aus Kerzen und dem Adventskalender, in den sich die Fenster des Rathauses verwandeln. Wochentags 15 Uhr und sonntags 14 Uhr öffnen Kinder gemeinsam mit dem Weihnachtsmann, unterstützt durch die große Feuerwehrleiter, jeweils eines der Fenster, hinter denen sich Überraschungen verbergen.

Feiertage

1. Jan. *Neujahr; Karfreitag; Ostermontag;* **1. Mai** *Tag der Arbeit; Christi Himmelfahrt; Pfingstmontag;* **3. Okt.** *Tag der Deutschen Einheit;* **31. Okt.** *Reformationstag;* **25./26. Dez.** *Weihnachten*

Veranstaltungen

Februar

Internationale Tanztheatertage: Über eine Woche lang gastieren im Großen Haus des Deutschen Nationaltheaters und auf anderen Bühnen der Stadt Ensembles der internationalen Spitzenklasse.

März/April

Thüringer Bachwochen: Mit Konzerten und Lesungen wird auch in Weimar an das Wirken Johann Sebastian Bachs erinnert.

Mai

Weimarer Museumsnacht: Die Museen haben an einem Samstag bis in die Nacht geöffnet und bieten vielseitige Veranstaltungen.

Die Museumsnacht findet gemeinsam mit Apolda und den Museen im Weimarer Land statt. Es gibt einen kostenlosen Busshuttle.

Juni

Insider Tipp *Notti Italiane – Italienische Nächte am Römischen Haus:* Der Ilmpark rund um das Römische Haus atmet an einem Wochenende italienisches Flair. Zur Unterhaltung tragen italienische Musik, Theater, Puppenspiel, Literatur und Weinverkostungen bei.

Juli

Weimarer Gartenlust: Schloss Belvedere, die Orangerie und der Park sind an vier Tagen Anfang des Monats Schauplatz des Festivals der Gartenkunst, das jährlich unter einem anderen Motto steht. Literatur, Musik und Kunst fehlen ebenso wenig wie verlockende Delikatessen. *www.gartenlust-weimar.de*

August

Töpfermarkt: Buntes Markttreiben und Verkaufsschau von Keramikern aus ganz Thüringen. Zweites Wochenende

★ *Kunstfest Weimar:* Das Programm umfasst Konzerte ebenso wie Lesungen, Vorträge und Theateraufführungen. Das Fest mit Künstlern aus vielen Ländern wird traditionell mit Straßentheater in der Innenstadt eröffnet. *www.kunstfest-weimar.de*

Weinfest zum Goethegeburtstag: Um den 28. Aug., den Geburtstag des Dichters, findet das Volksfest auf dem Frauenplan statt.

Oktober

★ *Zwiebelmarkt Weimar:* Eins der größten Volksfeste in Thüringen. Kunstvoll geflochtene Zwiebelzöpfe sind in allen Größen und Varianten im Angebot. Zum Markttreiben gehören Theater, Musik, Schausteller, Varieté und die Krönung der Zwiebelmarktkönigin. Zweites Wochenende

Oktober/November

Insider Tipp *Jazzmeile Thüringen:* Bekannte und unbekannte Formationen kommen zur Jazzmeile nach Thüringen und spielen auch in Weimar in großen und kleinen Räumen. *www.jazzmeile.org*

Dezember

Weihnachtsmarkt: Kunsthandwerker und Glasbläser aus Thüringen, Christbaumschmuck aus dem Thüringer Wald und Thüringer Spezialitäten – in der Innenstadt vom Theaterplatz über die Schillerstraße bis zum Marktplatz

Pantomime beim Kunstfest Weimar

Interessantes in Hülle und Fülle

Wohin Sie auch gehen – vieles erinnert an Weimars klassische Vergangenheit

Weimar ist eine Stadt für Fußgänger. Auf dem kleinen Raum von etwa 1 km² drängen sich fast alle Sehenswürdigkeiten. Selbst öffentliche Verkehrsmittel benötigen Sie nicht, auch Stadtführungen erfolgen zu Fuß.

Weimar hat nicht nur die Wohnhäuser von Goethe und Schiller zu bieten – es gibt unendlich viel zu entdecken. Obwohl alles dicht beieinander liegt, benötigen Sie dennoch Zeit. Denn wer die Stadt kennen lernen möchte, darf nicht nur die Fassaden betrachten. Oft lohnen sich Blicke in versteckte Winkel, beispielsweise in die Luthergasse, wo das Weihnachtslied »O du fröhliche ...« entstanden ist, oder in Herders Hausgarten. Zeit beanspruchen auch der interessante Bummel über den Historischen Friedhof und ein Spaziergang durch den Park an der Ilm, der enorm viel Sehenswertes bietet und bei schönem Wetter dazu verleitet, eine kleine Ruhepause einzulegen. Auch wenn Sie auf Museumsbesuche verzichten, schaffen Sie kaum alle Sehenswürdigkeiten an einem Tag – selbst wenn Sie mittags auf dem Marktplatz nur zu einer der berühmten Rostbratwürste vom Holzkohlegrill greifen. Etwas vom Zentrum entfernt befinden sich die Gedenkstätte Buchenwald sowie die Schlösser und Parks von Tiefurt, Belvedere und Ettersburg, die Sie aber rasch mit den städtischen Buslinien erreichen.

Bücher, Baukunst und die Atmosphäre des klassischen Weimar: der Rokokosaal der Herzogin Anna Amalia Bibliothek

Südliches Fluidum im sommerlichen Schlossgarten von Belvedere

Die museal eingerichteten Häuser werden im Kapitel »Museen« vorgestellt.

BAUDENKMÄLER & MONUMENTE

Altenburg [U C3]

Musikfreunde pilgern gern zu dem klassizistischen Bau auf einem kleinen, von der Ilm umflossenen

Formgebung des 20. Jhs.: Blick ins Treppenhaus der Bauhaus-Universität

Bergrücken, denn hier wohnte der Komponist Franz Liszt von 1848 bis 1861 mit seiner damaligen Lebensgefährtin, der russischen Fürstin Carolyne von Sayn-Wittgenstein. Beide machten die Altenburg zum Mittelpunkt der Weimarer Gesellschaft. Auch heute ist die Altenburg eine Stätte der Musik. Das Haus, in dem sich auch die Hochschule für Musik »Franz Liszt« befindet, ist Sitz des Franz-Liszt-Zentrums Weimar. *Jenaer Str. 3*

Bauhaus-Universität **[U B6]**
Das Hauptgebäude der Universität hat die Unesco 1996 zum Welterbe erklärt – nicht nur, weil hier die berühmten Lehrer der Hochschule gewirkt haben, sondern wohl auch, weil das Haus von 1904 bis 1911 nach Entwürfen des renommierten belgischen Architekten Henry van de Velde entstanden ist. Van de Velde hat auch das gegenüberliegende, niedrigere Gebäude entworfen, in dem vor dem Ersten Weltkrieg die Kunstgewerbeschule ihr Domizil hatte. An der Bauhaus-Universität, die aus der 1946 gegründeten Hochschule für Architektur und Bauwesen hervorging, sind heute rund 5000 Studenten immatrikuliert. *Geschwister-Scholl-Straße*

Bertuchhaus **[U A2]**
Friedrich Schiller meinte, das Bertuchhaus sei das »unstreitig schönste Haus der Stadt«. Ihm gefiel vermutlich besonders der klassizistische Mittelbau mit der repräsentativen Vorhalle, der den Nord- und den Südflügel verbindet. Das zwischen 1780 und 1802 in zwei Bauabschnitten errichtete stattliche Bürger- und Gesellschaftshaus ist benannt nach dem Bauherrn, dem Schriftsteller, Verleger und Unternehmer Friedrich Justin Bertuch (1747–1822). Seit 1954 befindet sich im Bertuchhaus das Stadtmuseum. *Karl-Liebknecht-Str. 5*

Deutsches Nationaltheater [U A4]
Das Theater ist nicht mehr jenes Gebäude, in dem Goethe die Dramen Schillers zur Uraufführung brachte. Es fiel 1825 einem Brand zum Opfer, und der Neubau musste wegen Baufälligkeit dem 1908 eröffneten heutigen Theater weichen, in dessen Geschichte zwei Daten bedeutsam sind: 1919 tagte hier die Nationalversammlung der ersten deutschen Republik, und 1948 wurde es nach der Kriegszerstörung mit Goethes »Faust« wieder eröffnet. Das Deutsche Nationaltheater gehört zu den führenden Spielstätten in Deutschland, und die Staatskapelle hat einen Ruf von überregionaler Bedeutung. In den Jahren 2001 und 2002 erregte das Theater deutschlandweit Aufsehen, weil eine von der Thüringer Landesregierung geplante Fusion mit dem unbekannten Theater in Erfurt abgelehnt wurde. *Theaterplatz*

Fürstengruft [U A6]
Herzog Carl August ließ das klassizistische Mausoleum für die verstorbenen Mitglieder der großherzoglichen Familie errichten, deren Särge 1825 von der Schlosskirche hierher gebracht wurden. Carl August wünschte, auch im Tod den beiden Dichterfürsten nahe zu sein. Die sterblichen Überreste von Schiller wurden 1827 vom Jakobsfriedhof in die Gruft überführt, Goethe wurde hier am 26. März 1832 beigesetzt. *April–Okt. Mi–Mo 9–13, 14–18 Uhr, Nov.–März Mi–Mo 10 bis 13, 14–16 Uhr*

Goethe-Schiller-Archiv [U C2–3]
Der monumentale Sandsteinbau ist das älteste Literaturarchiv Deutschlands. Großherzogin Sophie ließ es

MARCO POLO Highlights »Sehenswertes«

★ **Herzogin Anna Amalia Bibliothek**
Der Rokokosaal ist ein architektonisches Kleinod (Seite 23)

★ **Gedenkstätte Buchenwald**
Monumentale Denkmalanlage zur Erinnerung an die Opfer des Naziterrors (Seite 29)

★ **Stadtkirche St. Peter und Paul**
Das Schmuckstück bildet Cranachs großes Altarbild (Seite 30)

★ **Markt**
Historische Gebäude, Blumen- und Obsthändler und der Duft der Rostbratwürste (Seite 33)

★ **Belvedere**
Barockschloss und Orangerie im vom Fürsten Pückler-Muskau gestalteten englischen Landschaftspark (Seite 34)

★ **Tiefurt**
Landschaftspark mit Denkmälern und Bauten (Seite 37)

In diesem Haus lebte Goethes langjährige Freundin Charlotte von Stein

für die handschriftlichen Nachlässe Goethes und Schillers 1896 nach dem Vorbild des »Petit Trianon« im Park von Versailles errichten. Heute werden hier Nachlässe und Autografen von mehr als 3000 Persönlichkeiten aufbewahrt, darunter Schriften von Christoph Martin Wieland, Johann Gottfried Herder, Achim und Bettina von Arnim, Börries von Münchhausen und Franz Liszt. Die Bestände des Archivs werden für die wissenschaftliche Benutzung im Original oder als Film zur Verfügung gestellt. *Hans-Wahl-Str. 4*

Insider Tipp **Haus am Horn** [U C4]
Das einzige Architekturbeispiel, das in Weimar an das Wirken des Bauhauses erinnert. Bauhausdirektor Walter Gropius plante Anfang der Zwanzigerjahre des 20. Jhs. eine Siedlung, doch konnte das Projekt nicht verwirklicht werden. Lediglich das »Haus am Horn«, vom damals jüngsten Bauhausmitarbeiter Georg Muche entworfen, entstand 1923 als Musterwohnhaus. An der Errichtung und Ausstattung waren alle Werkstätten des Bauhauses beteiligt. Nach umfangreicher Sanierung dient das bungalowähnliche Bauwerk seit 1999 der Bauhaus-Universität als Ausstellungshaus. *April–Okt. Mi, Sa, So 11–18 Uhr, Nov.–März bis 17 Uhr, Am Horn 61*

Haus der Frau von Stein [U B5]
Charlotte von Stein war Goethes Vertraute. Als er sie kennen lernte, hatte die Ehefrau des herzoglichen Oberstallmeisters von Stein bereits sieben Kinder. Die Familie wohnte von 1777 bis 1827 in dem Haus an der damaligen südlichen Bebauungsgrenze Weimars. Kaum jemand würde es heute beachten, wenn nicht Frau von Stein darin gewohnt hätte. Bis heute wird gerätselt, wie weit dieses »Vertrautsein« der beiden ging. Literaturwissen-

schaftler kennen etwa 1700 Briefe, die Goethe der sieben Jahre ältere Frau schrieb, doch daraus ist nichts zu entnehmen. Die Beziehung kühlte ab, als Goethe, ohne sich abzumelden, nach Italien reiste, und als er seine spätere Ehefrau Christiane Vulpius kennen lernte. Charlotte von Stein ist auf dem Historischen Friedhof beigesetzt. *Ackerwand 27*

Herders Wohnhaus **[U B3]**

Das Haus, in dem der berühmte Johann Gottfried Herder wohnte, erfährt kaum Aufmerksamkeit. Herder war Generalsuperintendent des Herzogtums Sachsen-Weimar und Oberpfarrer der Stadtkirche. Goethe hatte ihn nach Weimar geholt. Der 1726 im Barockstil umgestaltete Bau steht im Schatten der Stadtkirche, die meist als Herderkirche bezeichnet wird und bis heute Sitz des Superintendenten ist. Herder bewohnte dieses Haus mit seiner Familie bis zu seinem Tod. Aufzeichnungen verraten uns, wie die Wohnung eingerichtet war: »Alles unendlich einfach, für ein modernes Auge beinahe ärmlich zu nennen.« In den letzten Jahren entstand nach historischen Vorlagen Herders Hausgarten wieder, eine kleine, versteckte grüne Oase. Der Garten, der im Gegensatz zum Haus betreten werden darf (Mo–Fr 8–16 Uhr), erhielt wieder die Wegführung und Bepflanzung, wie sie Herder einst selbst angelegt hatte. *Herderplatz 8*

Herzogin Anna Amalia Bibliothek **[U B4]**

★ Mit ihren nahezu 1 Mio. Büchern und dem Saal im Stil des späten Rokoko ist die Bibliothek, die 35 Jahre lang unter der Oberaufsicht von Goethe stand, eine Schatzkammer besonderer Art. Das Haus, Denkmal und aktive Bibliothek in einem, versteht sich als »Forschungsbibliothek für Literatur- und Kulturgeschichte mit besonderem Schwerpunkt auf der deutschen Literatur von der Aufklärung bis zur Spätromantik«. Anna Amalia wurde anlässlich des 300-jährigen Bibliotheksjubiläums 1991 zur Namenspatronin gewählt: Seitdem heißt die Einrichtung nicht mehr Zentralbibliothek der deutschen Klassik, sondern ist nach der Herzogin benannt.

Der einzige für Besucher zugängliche Raum ist der 1761 entstandene zweistöckige Bibliothekssaal. Er ist nicht beheizbar, durch die hohe Luftfeuchtigkeit haben viele Bücher Schaden genommen. Bei Goethes Tod 1832 besaß die Bibliothek etwa 130 000 Bände. Seitdem ist der Bestand enorm gewachsen, und das Haus hat seit langem gravierende Kapazitätsprobleme, weshalb bis Ende 2004 ein Erweiterungsbau entstehen wird. Danach kann die temporäre Auslagerung der Bücher beginnen und die dringend erforderliche Sanierung des Stammgebäudes bis 2006 erfolgen. *Besichtigung des Rokokosaals (bis zu Beginn der Sanierung): April–Okt. Mo–Sa 11, 11.30 und 12 Uhr, der Termin 12.30 Uhr ist für angemeldete Gruppen von maximal 20 Personen reserviert (feiertags geschl.). Eintrittskarten nur im Tagesverkauf ab 10.30 Uhr in der Bibliothek (Vorbestellungen sind nicht möglich). Wegen der gefährdeten Bausubstanz kann der Rokokosaal tgl. nur von 80 Personen besucht werden. Platz der Demokratie*

Kasseturm **[U A3]**

In dem mittelalterlichen Turm herrscht reges Treiben, denn er beherbergt einen der Studentenclubs der Stadt. Der Kasseturm ist ein Rest der alten Stadtbefestigung. Seinen Namen bekam er 1774, als dort eine herzogliche Finanzabteilung, die so genannte Landschaftskasse, einzog. *Goetheplatz*

Lutherhof **[U B3]**

Bis heute hält sich hartnäckig die Behauptung, Luther habe in dem Haus Nr. 1 in der Luthergasse gewohnt. Das ist aber nicht belegt. In Weimar hielt sich der Reformator jedoch zwischen 1518 und 1540 mehrmals auf, um von der Kanzel der Schlosskirche zu predigen. Das Haus gehörte damals Johann Burgkhardt, dessen Bruder Luther freundschaftlich verbunden war. In den späteren Jahren wohnten hier Christoph Martin Wieland und Johann Daniel Falk (1768–1826), der zum Kreis um die Herzoginmutter Anna Amalia gehörte und sich besonders um Kriegswaisen kümmerte. In dem Haus schrieb Falk das bekannte Weihnachtslied »O du fröhliche ...«. Zwei Häuser weiter, in der Nr. 5, verlebte Christiane Vulpius, Goethes Frau, ihre Kindheit. *Luthergasse*

Marstall **[U B3]**

Der herzogliche Marstall entstand 1873–78 als zweistöckiges, lang gestrecktes Bauwerk im Neorenaissancestil. Nach 1919 nutzte es die Landesregierung, in der NS-Zeit befand sich hier die Gestapostelle Weimar. Eine Gedenktafel aus schwedischem Granit erinnert an die in dem Haus gefolterten Menschen. Heute ist im ehemaligen Marstall das Thüringische Hauptstaatsarchiv untergebracht. *Marstallstr. 2*

Rathaus **[U B4]**

Die Nordseite des Marktplatzes wird von dem stattlichen Rathaus im neogotischen Stil bestimmt. 1841 wurde es eingeweiht. Im Rathausturm ist ein Glockenspiel aus Meissener Porzellan installiert, das von April bis Nov. um 10, 12, 15 und 17 Uhr (Mitte Juni–Nov. auch um 18 Uhr) erklingt. Die mit fast drei Minuten Spieldauer längste Melodie ist »Sah ein Knab ein Röslein stehn«, die um 15 Uhr zu hören ist. *Markt 1*

Stadthaus **[U B4]**

Das stattliche Gebäude im Stil der Frührenaissance an der Ostseite des Marktes entstand von 1526 bis 1547. Später wurde es mehrere Male umgebaut. In dem Haus wurden Brot und Fleisch verkauft, Krämer unterhielten kleine Läden. Sein heutiges Aussehen bekam das Gebäude 1803/04. Nach der Zerstörung im Zweiten Weltkrieg wurde es um 1970 nach historischem Vorbild rekonstruiert. Im Stadthaus befinden sich heute das Restaurant »Ratskeller« und die Tourist-Information. *Markt 10*

Villa Henneberg **[102 A6]**

Für architekturinteressierte Weimar-Gäste ein Muss, denn das 1913/14 entstandene Haus hat Henry van de Velde entworfen. Die Villa des belgischen Architekten gilt als eines der Vorbilder der Postmoderne. Benannt ist sie nach ihrem Bauherrn, dem Freiherrn von Henneberg, der sie nach dem Ersten Weltkrieg verkaufte. Das Bauwerk, das im letzten DDR-Jahrzehnt leer stand, beherbergt heute einen Waldorfkindergarten. *Gutenbergstr. 1a*

Villa Hohe Pappeln **[104 B3]**
Wohnhaus Henry van de Veldes, Mitgestalter des Bauhauses, der im Ersten Weltkrieg als Ausländer die Stadt verlassen musste. Zwischen 1907 und 1908 errichtet, wurde es zu einem Mittelpunkt des geistigen Lebens in der Residenz. In seiner Biografie mit dem Titel »Geschichte meines Lebens« hat der gebürtige Belgier seine Zeit in Weimar beschrieben. *Belvederer Allee 58*

Villa Neufert **[O]**
Ernst Neufert (1900–86), Mitarbeiter von Walter Gropius am Bauhaus und später Hochschullehrer in Weimar und Darmstadt, gehört zu den bedeutendsten Architekten des 20. Jhs. Nach schwedischen und nordamerikanischen Vorbildern errichtete er sich sein Wohn- und Arbeitshaus am Südrand der Stadt. Das zweigeschossige kubische Bauwerk gilt als frühes Beispiel für ökologisches und wirtschaftliches Bauen. *Berkaer Str. 55 (im Ortsteil Gelmeroda)*

Weimarhalle **[U A2]**
Die Weimarhalle ist das moderne Kongresszentrum, aber auch ein Begriff für das musikalische und gesellschaftliche Leben der Stadt. Als in Vorbereitung des Kulturstadtjahres die Sanierung des 1932 eröffneten Bauwerkes beginnen sollte, zeigten sich gravierende statische Mängel, die einen kompletten Abriss unumgänglich machten. Die neue Weimarhalle, die bis zu 1200 Personen Platz bietet, wurde 1999 eingeweiht. Hinter ihr erstreckt sich ein Park. *Unesco-Platz 1*

BRUNNEN

Donndorfbrunnen **[U B4]**
Adolf von Donndorf (1835–1916), der in Weimar das Reiterstandbild Herzog Carl Augusts geschaffen hat, schenkte der Stadt 1895 einen Brunnen. Benannt wurde er nach dem edlen Spender, der auf einer Bronzetafel eingravieren ließ: »Meiner Vaterstadt in Liebe und Dankbarkeit gewidmet!« Die überlebensgroße Bronzefigurengruppe der Wasser holenden Mutter mit ihren beiden Kindern ist eine Kopie des Brunnens am Union Square in New York. *Rittergasse*

Idealbild mütterlicher Fürsorge: die Figuren des Donndorfbrunnens

Gänsemännchenbrunnen [U A4]
Goethe hatte der Gänsemännchenbrunnen mit der Bronzefigur eines Bauern mit zwei Gänsen unter dem Arm in Nürnberg gefallen. Er ließ vom Original einen Gipsabdruck anfertigen, denn er wünschte sich eine Kopie in Weimar. Die leistete sich die Stadt auch, aber erst 1863, also Jahrzehnte nach dem Tod des Dichters. *Schillerstraße*

Goethebrunnen [U B5]
Einer der ältesten Brunnen Weimars, mit einem Delphin als Wasserspeier. Bevor Clemens Wenzeslaus Coudray (1775–1845) die heutige gusseiserne Anlage bauen ließ, stand hier ein hölzerner Brunnentrog. An der Brunnensäule sind die Initialen Carl Augusts zu finden. Auf einer der acht Reliefplatten, die das Brunnenbecken einfassen, steht die Jahreszahl 1821. *Frauenplan*

Ildefonsobrunnen [U B4]
Das Becken des Brunnens an der klassizistischen Hofwand des Roten Schlosses hat die Form eines römischen Sarkophags. Die Ildefonso-Gruppe auf einem Sockel ist ein Abguss des Originals in Madrid. Die Aufstellung der Brunnenfigur hat vermutlich Goethe veranlasst. *Platz der Demokratie*

Löwenbrunnen [U B3]
Der Löwe, das Wappentier der Grafen von Orlamünde, der einstigen Landesherren und Stadtrechtsverleiher, steht in 5 m Höhe auf einer Säule und stützt sich auf das Schild des Hauses Wettin. Der erste Brunnen an dieser Stelle entstand 1800/01, sein heutiges Aussehen aus Sandstein erhielt er Mitte des 19. Jhs. *Graben*

Neptunbrunnen [U B4]
Von den zahlreichen Brunnen Weimars ist der Neptunbrunnen der bekannteste, denn er plätschert auf dem Marktplatz. Tausende von berühmten und unbekannten Gästen Weimars sind an ihm schon vorbeigelaufen oder haben sich davor fotografieren lassen. Der Löwe, der den 1570 fertig gestellten Brunnen zierte, musste 1774 Neptun mit dem Dreizack weichen. *Marktplatz*

DENKMÄLER

Albert-Schweitzer-Denkmal [U C3]
Das erste Denkmal in Deutschland für den Urwaldarzt, geschaffen von Gerhard Geyer, wurde 1968 enthüllt. Der Friedensnobelpreisträger ist in langer Arbeitsschürze mit Tropenhelm dargestellt. Da Albert Schweitzer als Organist ein glühender Bach-Verehrer war und zu den bedeutendsten Goethe-Kennern seiner Zeit gehörte, war es naheliegend, das Denkmal in Weimar zu errichten. *Kegelplatz*

Bach-Denkmal [U B4]
In Weimar entstanden die großen Orgelwerke von Johann Sebastian Bach, der in der Stadt als Hoforganist, Violinist und ab 1714 als Konzertmeister tätig war. Bachs Wohnhaus am Markt ist nicht mehr vorhanden. An den Komponisten erinnert das Denkmal am Südgiebel des Roten Schlosses, Bachs erster Wirkungsstätte. Die Bronzebüste (1950) hat Bruno Eyermann geschaffen. *Platz der Demokratie*

Carl-August-Denkmal [U B4]
Carl August, der kunstliebende Herzog und spätere Großherzog

und enge Freund Goethes, reitet seit 1875 auf dem Platz der Demokratie, dem früheren Fürstenplatz. Vorbild für das Bronzedenkmal waren antike Statuen. Der Fürst wird zu Pferde gezeigt, in Uniform und bekrönt mit einem Lorbeerkranz, der an seine Rückkehr aus den Freiheitskriegen 1814 erinnern soll. Bis Anfang 2005 wird das Denkmal im Park an der Ilm stehen – es musste den umfangreichen Bauarbeiten zur Erweiterung der Herzogin Anna Amalia Bibliothek weichen. *Platz der Demokratie*

Denkmal der Märzgefallenen [102 B6]

Aus Kalkstein hat Walter Gropius, der Direktor des Bauhauses, das Denkmal geschaffen. Zu Ehren der 1920 vor dem Volkshaus erschossenen Teilnehmer einer Demonstration zur Niederschlagung des Kapp-Putsches wurde es am 1. Mai 1922 auf dem Historischen Friedhof enthüllt; mehr als 4000 Menschen nahmen an der Einweihung teil. Die Nazis erklärten das Denkmal zur »entarteten Kunst« und zerstörten es. Bereits 1946 wurde es nachgebaut, jedoch nicht originalgetreu, sondern in kleinerem Format. *Berkaer Straße*

Ernst-Thälmann-Denkmal [102 B3]

Es spricht für die Toleranz in Weimar, dass nach dem Ende der DDR das Ernst-Thälmann-Denkmal nicht wie anderenorts geschleift wurde. Der Führer der 1933 verbotenen Kommunistischen Partei Deutschlands war, nachdem er jahrelang in Einzelhaft gesessen hatte, 1944 im KZ Buchenwald umgebracht worden. Das Thälmann-Denkmal hat der Dresdner Bildhauer Walter Arnold 1958 geschaffen. Es zeigt den Kommunistenführer mit der zur Faust geballten rechten Hand. *Buchenwaldplatz*

Goethe-Schiller-Denkmal [U A4]

Das Denkmal vor dem Deutschen Nationaltheater ist so etwas wie das Wahrzeichen von Weimar. 1875 wurde das weltberühmte Doppelstandbild der beiden Dichterfürsten eingeweiht, das Material hatte der bayerische König gestiftet. Die Weimarer waren mit der Darstellung so zufrieden, dass sie den Denkmalschöpfer Ernst Rietschel zum Ehrenbürger machten. Obwohl Goethe und Schiller im Leben unterschiedlichen Wuchses waren, hat sie Rietschel exakt gleich groß dargestellt. Beide Dichter, die Kleidung ihrer Zeit tragen, halten gemeinsam einen Lorbeerkranz in ihren Händen. Damit sollte der Diskussion über die Frage, wer von ihnen der bedeutendere sei, entgegengewirkt werden. Kopien des Denkmals stehen in den USA in den Städten Cleveland, Milwaukee und San Francisco. *Theaterplatz*

Hafis-Goethe-Denkmal [U B5] Insider Tipp

Weimars jüngstes Denkmal liegt ein wenig versteckt und ist deshalb weitgehend unbekannt. Im Juli 2000 wurde es durch den Staatspräsidenten der Republik Iran und den deutschen Bundespräsidenten eingeweiht. Die Lektüre der Geschichte des persischen Poeten Hafis (1326–90), der als der größte Lyriker der persischen Sprache gilt, inspirierte Goethe zu seinem »West-östlichen Divan«. Die Deutsche Unesco-Kommission ließ deshalb das Denkmal errichten, das Ernst Thevis und Fabian Rabsch gestalteten. *Beethovenplatz*

Herder-Denkmal **[U B3]**
Johann Gottfried Herders Wahlspruch »Licht-Liebe-Leben« ist auf dem Denkmal zu lesen, das ihm die Stadt 1850 vor der Stadtkirche aufstellte, seiner langjährigen Wirkungsstätte. Der Münchner Bildhauer Ludwig Schaller hat die überlebensgroße Gestalt Herders im geistlichen Gewand entworfen. Das Herder-Denkmal war das erste, das für einen der Großen des klassischen Weimar aufgestellt wurde. *Herderplatz*

Liszt-Denkmal **[U B6]**
Das Denkmal für Franz Liszt hat der Münchner Bildhauer Hermann Hahn 1902 geschaffen. Das Standbild des Komponisten, Pianisten und Dirigenten ist aus weißem Carraramarmor gearbeitet, für das Mosaikpflaster vor dem Podest wurde farbiger Naturstein verwendet. *Park an der Ilm*

Shakespeare-Denkmal **[U C5]**
Das einzige Denkmal in Deutschland, das dem englischen Dichter und Dramatiker William Shakespeare gewidmet ist, steht seit 1904 in Weimar. Die Anregung für das Denkmal aus italienischem Marmor gab die Shakespeare-Gesellschaft, die erste literarische Gesellschaft Deutschlands überhaupt, die sich 1864 in Weimar gründete. Shakespeare spielte in Weimar stets eine Rolle. Friedrich Schiller und Christoph Martin Wieland haben einige seiner Werke in die deutsche Sprache übersetzt, und das Deutsche Nationaltheater brachte bedeutende Shakespeare-Inszenierungen heraus. *Park an der Ilm*

Wieland-Denkmal **[U A5]**
Die überlebensgroße Bronzestatue Christoph Martin Wielands, der zu seiner Zeit einer der erfolgreichsten Schriftsteller war, wurde 1857 enthüllt. Der Dichter ist in der Kleidung der damaligen Zeit dargestellt, in der linken Hand hält er ein Exemplar des Versepos »Oberon«, das zu seinen Hauptwerken gehört. *Wielandplatz*

FRIEDHÖFE

Historischer Friedhof **[U A6]**
Als der Platz auf dem Jakobsfriedhof nicht mehr ausreichte, wurde zwischen 1814 und 1818 der »Neue Friedhof vor dem Frauentore« angelegt. Der älteste, parkähnliche Teil mit der Fürstengruft heißt bis heute Historischer Friedhof. 1860–62 wurde an die Fürstengruft die russisch-orthodoxe Kapelle als Begräbnisstätte für die Großherzogin Maria Pawlowna angebaut. Auf dem Friedhof ruhen zahlreiche Persönlichkeiten der deutschen Geistesgeschichte. (Siehe auch das Kapitel »Spaziergänge«, Seite 85.) *März–Sept. tgl. 8–21 Uhr, Okt.–Feb. 8–18 Uhr, Am Poseckschen Garten*

Jakobskirchhof **[U A2]**
Auf dem ältesten Friedhof der Stadt rund um die Jakobskirche befinden sich bedeutende Grabstellen. Hier sind Christiane von Goethe, Caroline Herder – die Ehefrau Johann Gottfried Herders –, der Maler Lucas Cranach d. Ä., der Schriftsteller Johann Carl August Musäus und der Bildhauer Gottlieb Martin Klauer bestattet. Im »Kassengewöl-

Die eindrucksvolle Denkmalanlage der Gedenkstätte Buchenwald

be« rechts am Friedhofsende wurden diejenigen bestattet, die keine eigene Familiengruft besaßen. Von 1805 bis 1827 ruhte hier Friedrich Schiller. Der barocke Pavillon über dem Bauwerk musste 1854 abgerissen werden, das heute an dieser Stelle stehende Bauwerk wurde 1913 errichtet. Seit 1840 finden auf dem Friedhof keine Beisetzungen mehr statt. *Am Jakobsfriedhof*

GEDENKSTÄTTE

Gedenkstätte Buchenwald **[106 C2]**

★ Die weiträumige Anlage auf dem Ettersberg, etwa 8 km vom Stadtzentrum entfernt, erinnert an mehr als 250 000 Menschen, die von 1937 bis 1945 im Konzentrationslager Buchenwald inhaftiert waren; über 50 000 von ihnen kamen ums Leben. Die Nationalsozialisten hatten das KZ ab 1937 errichtet, die Häftlinge wurden seit 1943 in Buchenwald und in seinen insgesamt 136 Außenkommandos rücksichtslos in der Rüstungsindustrie ausgebeutet. Von August 1945 bis 1950 nutzte die sowjetische Besatzungsmacht das Gelände als Internierungslager, in dem schuldige und vermeintlich schuldige Nationalsozialisten, aber auch willkürlich verhaftete Personen, unter ihnen Frauen und Jugendliche, inhaftiert waren. Von den etwa 28 000 Häftlingen starben über 7000 vor allem an Krankheiten und Unterernährung. Sie wurden in Massengräbern verscharrt. Gegenüber diesem Gräberfeld entstand 1997 ein eigenes Ausstellungsgebäude, in dem die Geschichte des Lagers dokumentiert ist. Insider Tipp

Ab 1954 wurde die »Nationale Mahn- und Gedenkstätte Buchenwald« geschaffen, die heute schlicht den Namen »Gedenkstätte Buchenwald« trägt. Zum ehemaligen Lager führt die 1939 von Häftlingen ausgebaute »Blutstraße«, die teilweise noch original erhalten ist. Der Parkplatz und die Bushaltestelle entstanden auf dem Exerzierplatz der SS. Man betritt das Lagergelände durch das Tor mit der verhöhnenden Inschrift »Jedem das Seine«. Informations- und Gedenktafeln sowie Gedenksteine erinnern an bedeutsame Orte und Ereignisse. Lagerbaracken sind nicht mehr vorhanden, ihre Grundrisse wurden durch Kupferschlacke markiert. Erhalten sind das Torgebäude mit Arrestzellenbau und Gedenkzellen für die hier ermordeten Häftlinge, die Häftlingskantine, das Krematorium mit einem museal gestalteten Nebengebäude. Das Desinfektionsgebäude dient heute als Kunstmuseum, und im Kammergebäude ist eine Dauerausstellung zur Geschichte des KZ zu sehen.

Vom Lager führt der Weg zur Südseite des Ettersbergs, auf dem sich eine monumentale Denkmalanlage befindet, in die drei große Massengräber einbezogen wurden. Im Mittelpunkt erhebt sich das von dem Bildhauer Fritz Cremer gestaltete Denkmal (1958). Es vereint elf aus Bronze gegossene Figuren, die den Widerstandskampf im Lager darstellen. Krönung der gesamten Anlage ist der 50 m hohe Glockenturm mit einer Bronzeplatte im Inneren, unter der sich Erde aus anderen Konzentrationslagern befindet. Ein Museum am Eingang zum Mahnmal informiert zur Geschichte der Gedenkstätte Buchenwald seit 1945. *Im Kino der Gedenkstätte wird mehrmals täglich ein* Insider Tipp *Einführungsfilm (Dauer 30 Min.) gezeigt. Die Besucherinformation am Parkplatz hält Informationsmaterial bereit und berät vor dem Rundgang. Die Außenanlagen sind tgl. bis zum Einbruch der Dunkelheit zu besichtigen. Die musealen Einrichtungen haben geöffnet: Mai bis Sept Di–So 9.45–17.15 Uhr, Okt.–April 8.45–16.15 Uhr. Der Besuch der Gedenkstätte sowie der Ausstellungen ist kostenlos.*

KIRCHEN

Stadtkirche St. Peter und Paul [U B3]

★ Jeder spricht von der Herderkirche, denn Johann Gottfried Herder wirkte in der Kirche und wurde nach seinem Tod 1803 auch hier beigesetzt. Die Grabplatte liegt im mittleren Kirchenschiff. An der Nordwand des Chors ist der Grabstein für den 1553 gestorbenen Maler Lucas Cranach d. Ä. angebracht, doch seine Grabstätte befindet sich auf dem Jakobsfriedhof. Bedeutendstes Ausstattungsstück der Kirche ist das dreiflügelige Altarbild. Cranach hat das Werk 1552 begonnen, nach seinem Tod hat es sein Sohn vollendet. Das Gotteshaus erhielt sein heutiges spätgotisches Aussehen um 1500. *Mai–Okt. an jedem Fr, Mai–Sept. zusätzlich Do, jeweils 12 Uhr für 15 Min. Mittagsmusiken an der Sauer-Orgel.* Insider Tipp *April bis Okt. Mo–Sa 10–12, 14–16 Uhr, So 11–12, 14–15 Uhr, Nov.–März tgl. 11–12, 14–15 Uhr*

Jakobskirche [U A2]

Für Goethe-Verehrer auch eine Pilgerstätte, denn in dieser Kirche wurden am 19. Oktober 1806 Johann Wolfgang von Goethe und Christiane Vulpius getraut, nachdem sie bereits 18 Jahre zusammengelebt hatten. Die Trauung fand in der Sakristei statt, einem

Das dreiflügelige Cranach-Altarbild in der Stadtkirche St. Peter und Paul

Raum hinter dem Altar. Die Kirche wurde 1712–14 errichtet, nachdem der Vorgängerbau wegen Baufälligkeit abgetragen werden musste. Von der Türmerwohnung, über 114 Stufen erreichbar, haben Sie einen schönen Blick auf Weimar.
Mo–Fr 10–15 Uhr, Sa 10–12 Uhr, Am Jakobskirchhof

Insider Tipp

Russisch-orthodoxe Kapelle **[U A6]**
Die Kapelle im russisch-byzantinischen Stil entstand als Begräbnisstätte für die 1859 gestorbene Weimarer Großherzogin Maria Pawlowna. Sie wurde nach in Moskau angefertigen Zeichnungen an die Fürstengruft auf dem Historischen Friedhof angebaut. Die Diözese der russisch-orthodoxen Kirche Berlins nutzt die Kapelle für Gottesdienste.
April–Okt. Mi–Mo 9–16.45 Uhr, Nov.–März Mi–Mo 10–15.45 Uhr, Am Poseckschen Garten

PLÄTZE & STRASSEN

Frauenplan **[U B5]**
Vom Markt eilen die meisten Besucher zum Frauenplan, denn hier steht Goethes Wohnhaus. 1792 schenkte der Herzog das Haus seinem Freund, der bis dahin im Gartenhaus an der Ilm gewohnt hatte. In Richtung Wielandplatz schließen sich die Vulpius-Häuser an, in denen Goethes Verwandtschaft wohnte. Neben dem Goethehaus befindet sich das Gasthaus »Zum Weißen Schwan«, in das der Dichter gern mit seinen Gästen einkehrte. Der gusseiserne Goethebrunnen bildet seit 1821 den Mittelpunkt des Platzes.

Gauforum **[U A1–2]**
Die Nationalsozialisten wollten in Weimar ein gigantisches Gebäudeensemble errichten, das so genannte Gauforum. 1937 begannen die

Entspannen & Genießen

Nach anstrengendem Sightseeing sorgen Sauna und Massage oder Badminton und Squash für Entspannung

In der Sauna des *Fitness- und Freizeitparks POM* werden alle Anstrengungen vom Sightseeing ausgeschwitzt, entweder in der Bio-Sauna bei 60 Grad oder in der Trockensauna bei 90 Grad. Das kleine Nickerchen danach ist der krönende Abschluss. Wohltuend für alle vom Bummel Erschöpften ist auch eine Massage. Wer zur Entspannung Bewegung braucht, spielt Badminton oder Squash. Zwischendurch oder danach setzt man sich ins Bistro und lässt sich aus der großen Auswahl ein Erfrischungsgetränk oder einen Shake reichen. Kinder müssen nicht im Hotel oder in der Pension bleiben: Di, Do 10–12, Fr 17–20 und So 10–13 Uhr werden sie betreut. *Zum Hospitalgraben, Tel. 85 18 75, Fax 85 18 76, www.pom-weimar.de*

Bauarbeiten vor dem Landesmuseum; Hitler selbst kam zum ersten Spatenstich angereist. Trotz des Zweiten Weltkriegs gingen die Arbeiten weiter, erst 1944 wurden sie eingestellt. Entstanden ist ein gewaltiges Gebäudeviereck mit einem 15 000 m² großen Aufmarschplatz. Viele der ursprünglich geplanten Vorhaben wurden nicht begonnen oder, wie die riesige Kongresshalle, nicht fertig gestellt. Die Halle wurde nach dem Krieg zu einem Mehrzweckgebäude ausgebaut, andere Bauten nutzt die Verwaltung des Freistaates Thüringen. In einem Seitenfoyer des so genannten Turmhauses ist eine Ausstellung über die Geschichte des Gauforums zu sehen. *Weimarplatz*

Insider Tipp

Goetheplatz **[U A3]**
Der einst beschaulichste Platz Weimars hat sich im 20. Jh. zum Verkehrsknotenpunkt entwickelt. An seiner Westseite liegen das Hotel Russischer Hof (früher Alexanderhof) und daneben die Löwenapotheke mit dem über dem Eingang eingemeißelten Baujahr 1799.

An der Ostseite steht der Rest der Stadtbefestigung: der dicke Kasseturm, den ein Säulengang mit einem 1860 im spätklassizistischen Stil fertig gestellen Gebäude verbindet, dem heutigen Jugendzentrum »mon ami«. Bei der Restaurierung des Hauses wurden auch die Freianlagen auf der Rückseite wieder hergestellt. Das benachbarte, nach dem Vorbild des Athener Niketempels entstandene ehemalige Lesemuseum (1859) geht auf eine Initiative der Großherzogin Maria Pawlowna zurück. Hier konnten sich die Bürger Weimars kostenlos über lokale und internationale Ereignisse informieren.

Insider Tipp

Herderplatz **[U B3]**
Drei Bauwerke an diesem Platz hat die Unesco zum Welterbe erklärt: Die Stadtkirche St. Peter und Paul, das Herderhaus und das Alte Gym-

nasium. Das Denkmal mit der überlebensgroßen Gestalt des Philosophen und Theologen schmückt die Mitte des Platzes, hinter der Kirche befindet sich das Haus, in dem Johann Gottfried Herder 27 Jahre mit seiner Familie gewohnt hat. Das Alte Gymnasium mit einer Freitreppe entstand 1715/16 in schlichten barocken Formen. Vor der Treppe steht seit 1831 der achteckige Herderbrunnen.

Markt [U B4]

★ Die gute Stube der Stadt, Treffpunkt der Einheimischen und der Touristen. An der Westseite ist das Rathaus zu sehen, gegenüber liegen das Stadthaus und das Mitte des 16. Jhs. entstandene Cranachhaus, ein farbenfrohes Doppelhaus mit zwei charakteristischen Giebeln. Zu seinem Namen kam der Renaissancebau, weil der Schwiegersohn Lucas Cranachs d. Ä. der Bauherr war. Der berühmte Maler verbrachte das letzte Jahr vor seinem Tod in dem Haus Markt 11/12, seine Malstube befand sich im dritten Stock. In dem Haus daneben (Nr. 13) wohnte Karl Ludwig von Knebel (1744–1834), der Erzieher des Prinzen Constantin. Knebel und Goethe pflegten eine intensive Freundschaft. Zum Markt gehören noch das traditionsreiche Hotel Elephant und der Neptunbrunnen mit dem barock gestalteten Meeresgott. Das Haus Nr. 15, zum Platz der Demokratie gelegen, ist das Rote Schloss, das jedoch heute mit einem grauen Anstrich versehen ist. Das Renaissancegebäude mit einem schönen Portal entstand wie auch das sich anschließende Gelbe Schloss (Zugang vom Platz der Demokratie) als Herzoginnenwitwensitz. Das Rote Schloss wird gegenwärtig in die Erweiterung der Herzogin Anna Amalia Bibliothek einbezogen. Montags bis samstags findet ein ausgedehnter Obst- und Blumenmarkt statt, der dem Stadtbild einen bunten Tupfer aufsetzt.

Auf dem Markt bieten Händler fast die ganze Woche über ihre Waren an

Die Schillerstraße verbindet den Markt mit dem Theaterplatz

Schillerstraße **[U A–B4]**
Weimars repräsentativste Straße wurde in den Jahren 1968/69 zu einer der ersten Fußgängerzonen in der DDR umgestaltet und 30 Jahre später grundlegend erneuert. Da die Straße in der Mitte um etwa 30 Grad abknickt, ist sie nicht in ihrer ganzen Länge von etwa 250 m überschaubar. Schillers Wohnhaus und der Gänsemännchenbrunnen sind die meistfotografierten Objekte in dieser Straße, die vor allem im Sommer besonderes Flair besitzt, wenn das Blätterdach der Ahornbäume sie beschirmt. Wo heute die Straße verläuft, erstreckte sich bis zur Mitte des 18. Jhs. die Stadtmauer.

Theaterplatz **[U A4]**
Wohl jeder Weimar-Besucher steht einmal auf diesem Platz, denn das Deutsche Nationaltheater und das Goethe-Schiller-Denkmal gehören zum festen Besichtigungsprogramm in der Klassikerstadt. Gegenüber, an der Ostseite des Platzes, errichtete der Architekt Clemens Wenzeslaus Coudray 1823 eine Remise mit klassizistischer Fassade, die später dem Theater als Kulissenhaus diente. Von 1955 an wurden darin Sonderausstellungen der Kunstsammlungen gezeigt, 1995 zog das Bauhaus-Museum ein. Rechts daneben, in Richtung Schillerstraße, liegt das Wittumspalais.

SCHLÖSSER & PARKS

Belvedere **[104 B–C6]**
★ Schloss Belvedere war zu Goethes Zeiten nach Tiefurt und Ettersburg einer der Sommersitze der herzoglichen Familie. Den Bau der Anlage südlich der Stadt veranlasste Herzog Ernst August 1724, als Vorbild diente Schloss Belvedere in Wien. Der Barockbau, neben dem vier Kavaliershäuser stehen, ist umgeben von einem Park im englischen Landschaftsstil, den Hermann Fürst von Pückler-Muskau gestaltete. Eine Zierde ist der Russische Garten, der auf Anregung der Großherzogin Maria Pawlowna entstand, die sich vom Schlosspark

Pawlowsk in St. Petersburg inspirieren ließ. Im Park befinden sich die Orangerie und der Rote Turm, der bis 1820 im Garten des Wittumspalais stand und als Teesalon diente. In der Nähe des Schlosses entstand 1995/96 das Musikgymnasium als modernes Gebäude mit vielen Glasflächen. Das Untergeschoss des Baus, der Konzertsaal, ist einem antiken Stadion nachempfunden.

Ettersburg [106 C2]
Am Nordrand des Ettersberges, nördlich der Stadt, liegt das Schloss Ettersburg, das aus dem dreiflügeligen Alten Schloss (1706–12) mit der sich östlich anschließenden Kirche und dem südlich als Corps de Logis vorgelagerten Neuen Schloss von 1722 (1728–40 umgebaut) besteht. Zu Goethes Zeit war die auf einer Anhöhe errichtete Anlage Ort vieler aufwändiger Theateraufführungen. Zwischen 1776 und 1780 bevorzugte die Herzoginwitwe Anna Amalia Ettersburg als Sommersitz, danach wandte sie sich Tiefurt zu. Nach 1919 verfielen Schloss und Park. Gegenwärtig ist es aus finanziellen Gründen nur möglich, die Bausubstanz zu sichern.

Weimars geistige Elite

Einige der vielen Berühmtheiten der kleinen Stadt

Bach, Johann Sebastian (1685–1750): Komponist und Organist, in Weimar 1703 Kammermusiker, 1708–17 Hoforganist und später Konzertmeister

Goethe, Johann Wolfgang von (1749–1832): Schriftsteller, Wissenschaftler und zeitweise hoher Staatsbeamter, der ab 1775 bis zu seinem Tod in Weimar lebte und wirkte

Gropius, Walter (1883–1969): Architekt, gründete 1919 das Staatliche Bauhaus

Herder, Johann Gottfried (1744–1803): Philosoph und Theologe, ab 1776 Hofprediger

Liszt, Franz (1811–1886): Komponist, 1848–58 musikalischer Oberleiter der Hofkapelle. Ab 1869 jährlich Aufenthalte in Weimar

Nietzsche, Friedrich (1844–1900): Philologe, Schriftsteller und einer der großen Philosophen der Moderne. Er lebte ab 1897 bei seiner Schwester in Weimar

Schiller, Friedrich (1759–1805): Schriftsteller und Historiker, lebte und wirkte von 1787–89 und von 1799 bis zu seinem Tod in Weimar

Velde, Henry van de (1863–1957): Maler und Architekt, wirkte von 1902 bis 1917 in Weimar, u. a. als Leiter der von ihm begründeten Kunstgewerbeschule

Wieland, Christoph Martin (1733–1813): Schriftsteller, Wegbereiter der deutschen Klassik. Er kam 1772 als Erzieher des Erbprinzen Carl August nach Weimar

Das alte Reithaus im Park an der Ilm, heute Jugendbildungszentrum

Fürstenhaus **[U B4]**
Das klassizistische Gebäude, von 1771 bis 1774 als Sitz der Ständevertretung des Landes erbaut, hat eine bewegte Vergangenheit. Nach dem Schlossbrand 1774 diente es der Herzogsfamilie als Wohnsitz. Herzog Carl August lebte mit seiner Familie fast 30 Jahre hier. 1808 zog die Freie Zeichenschule ein, 1816 der Thüringer Landtag und 1951 die Hochschule für Musik. *Platz der Demokratie*

Park an der Ilm **[U C4–6]**
Beiderseits des Flüsschens Ilm zieht sich ein großer Landschaftspark hin. Goethe und Herzog Carl August waren an der Gestaltung maßgeblich beteiligt. (Siehe auch das Kapitel »Spaziergänge«, Seite 83.)

Residenzschloss **[U C3–4]**
Die Dreiflügelanlage mit schlankem Turm ist das Werk mehrerer Baumeister. Nach dem Brand der Wilhelmsburg 1774 entstand es in seiner heutigen Gestalt. 1803 zog die herzogliche Familie ein. 1914 kam als jüngster Gebäudeteil der Südflügel hinzu. Die Räume des Weimarer Stadtschlosses gehören zu den schönsten, die der Klassizismus in Deutschlands Schlössern hinterlassen hat. Besonders interessant sind im ersten Obergeschoss der Festsaal und die Falkengalerie. 1919, in den ersten Tagen der Weimarer Republik, war das Schloss vorübergehend Regierungssitz. Reichspräsident Friedrich Ebert und Ministerpräsident Philipp Scheidemann arbeiteten hier bis zu ihrer Rückkehr nach Berlin. Heute befinden sich in dem Bauwerk das Schlossmuseum und Verwaltungen. *Burgplatz*

Tiefurt **[103 F2]**
Herzoginwitwe Anna Amalia hatte sich in die Tiefurter Landschaft am

östlichen Stadtrand Weimars verliebt und wählte das Schlösschen als Sommersitz. Entstanden war das Bauwerk für den Kammergutpächter, ab 1776 wurde es als Prinzenwohnung umgebaut. Das, was man sich gemeinhin unter einem Schloss vorstellt, ist es nicht geworden. Schloss Tiefurt, heute Museum, ist ein bescheidenes Haus geblieben.

Der ★ Tiefurter Landschaftspark wurde ab Ende des 18. Jhs. nach englischem Vorbild angelegt. Ihn zieren unter anderem der Teesalon, das erste in Deutschland für Wolfgang Amadeus Mozart errichtete Denkmal, eine Gedenkstätte für Johann Gottfried Herder und, aus Steintisch, Bank und Büste bestehend, »Wielands Lieblingsplatz«. Zu den schönsten Bauwerken gehört der von Blumenrabatten umgebene Insider Tipp Musentempel. In dem offenen Säulenbau steht eine Statue der Polyhymnia, der Muse des Tanzes und der Musik.

Parkhöhle Weimar [U B5] Insider Tipp

Seit einigen Jahren ist es möglich, einen Spaziergang unter dem Park an der Ilm zu unternehmen. Das ab 1794 für eine geplante Bierbrauerei entstandene unterirdische Stollensystem, später durch den Abbau von Sand und Kies erweitert, wurde gesichert und für die Besichtigung hergerichtet.

Der etwa halbstündige Rundgang informiert über die Entstehung und die geologischen Besonderheiten des ca. 12 m tief unter der Erde verlaufenden Labyrinths. In den zwölf gemauerten Kammern der Höhle, die im Zweiten Weltkrieg als Luftschutzbunker angelegt wurden, werden die Entstehung und die Nutzungsgeschichte der Höhle dokumentiert. *April bis Okt. Di–So 9–12, 13 bis 17.15 Uhr, Nov.–März Di–So 10 bis 12, 13–15.15 Uhr, Eingang nahe Liszt-Haus/Mensa der Bauhaus-Universität*

Richtig fit!

Der Ilmpark ist ein Dorado für Jogger

Weimar mit seinem herrlichen Ilmpark im Zentrum bietet sich geradezu zum Joggen an. Am günstigsten ist der Zugang in der Nähe der Ackerwand, von vielen Hotels bequem zu erreichen. Von der Tiefgarage unter dem Beethovenplatz ist es nur ein Katzensprung bis dorthin. Wer richtig ins Schwitzen kommen will, läuft bis zur Schaukelbrücke, überquert dort die Ilm und trabt auf der östlichen Parkseite zurück, um über die Sternbrücke wieder zum Ausgangspunkt zu gelangen. Wenn Sie am frühen Vormittag oder späten Nachmittag joggen, begegnet Ihnen oft auf weiten Strecken keine Menschenseele. Vorsicht ist nirgendwo geboten, denn Radfahrer und Hunde kommen Ihnen kaum in die Quere. Sie joggen schließlich auf geschützten Pfaden, denn der Ilmpark steht unter Unesco-Schutz, und da ist vieles verboten.

BAUHAUS-MUSEUM

Schätze von gestern und heute

Die Museumslandschaft besteht nicht nur aus den Häusern der Klassiker

Wer meint, in Weimar nur den Dichterfürsten Goethe und Schiller zu begegnen, der irrt. Weimar ist nicht nur Klassikerstadt, Weimar ist Kunststadt. Das Spektrum der Sammlungsstücke reicht von goldenem Schmuck aus dem Grab einer ostgotischen Prinzessin im Museum für Ur- und Frühgeschichte über Bilder von Lucas Cranach d. Ä. im Schlossmuseum bis zu Gemälden des Wegbereiters der italienischen Avantgarde Piero Manzoni im erst 1999 eröffneten Neuen Museum. Einen modern gestalteten Streifzug durch die Vergangenheit ermöglicht das Weimar Haus, das erste multimediale Erlebnismuseum in Deutschland.

Das Goethe Nationalmuseum, das Schiller-Wohnhaus und weitere 23 Literatur- und Kunstmuseen, Schlösser und Erinnerungsstätten gehören zur Stiftung Weimarer Klassik und Kunstsammlungen, die 2003 aus der Stiftung Weimarer Klassik und den Kunstsammlungen zu Weimar hervorging. Die Stiftung sieht ihre wichtigste Aufgabe darin, die überlieferten Schätze zu erhalten, zu mehren, zu erschließen, zu erforschen und der Öffentlichkeit zugänglich zu machen. Sie veranstaltet an bestimmten Tagen regelmäßig Führungen: Jeden Mo 13 Uhr durch Schillers Wohnhaus, jeden Di und Fr 13 Uhr durch Goethes Wohnhaus am Frauenplan. Jeden ersten Do im Monat 14.30 Uhr gibt es im Goethe-und-Schiller-Archiv eine Einführung zur Geschichte und Arbeit des Archivs. Weitere Führungen können Sie dem Monatsplan in der Besucherinformation (Frauentorstr. 4) entnehmen. Die Dauer beträgt ca. 60 Minuten, die Teilnehmerzahl mindestens zehn, maximal 25 Personen. Die Eintrittskarten sind an der jeweiligen Museumskasse erhältlich.

Dem Bauhaus, in Weimar gegründet, wurde am Theaterplatz dieses Museum gewidmet

Albert-Schweitzer-Begegnungsstätte [U C3]

Die Einrichtung würdigt Leben und Werk des Urwaldarztes Albert Schweitzer (1875–1965). Der bedeutende Humanist, Philosoph, Theologe, Arzt und Musikwissenschaftler, der 1913 das Tropenhospital Lambarene gründete und dort als Missionsarzt wirkte, erhielt 1952 den Friedensnobelpreis. Die Begegnungsstätte befindet sich im ehemaligen Haus von Johann Carl

In dem Haus am Frauenplan lebte Goethe fast ein halbes Jahrhundert lang

August Musäus (1735–87). Der Lehrer am Gymnasium in Weimar sammelte, wie später auch die Brüder Grimm, Volksmärchen aus allen Teilen Deutschlands. *Mai–Okt. Di bis So 10–17 Uhr, Nov.–April 10 bis 16 Uhr, Kegelplatz 4*

Bauhaus-Museum **[U A4]**
Das Museum vermittelt viel Wissenswertes zur Geschichte des 1919 von Walter Gropius gegründeten Staatlichen Bauhauses, der Avantgarde-Kunstschule des 20. Jhs. Zu sehen sind mehr als 500 Exponate von Lehrenden und Studierenden. Anziehungspunkt im Eingangsbereich ist der rekonstruierte »Turm des Feuers«, der 1920 vor dem Tempelherrenhaus im Ilmpark aufgestellt worden war. Er gilt als Hauptwerk des Schweizers Johannes Itten, der von 1919 bis 1923 am Bauhaus lehrte. *April–Okt. Di–So 10–18 Uhr, Nov.–März 10 bis 16.30 Uhr, Theaterplatz (in der Kunsthalle)*

Deutsches Bienenmuseum **[104 B2]** Insider Tipp
In der warmen Jahreszeit kann man hier ein lebendes Bienenvolk hinter Glas bei seiner Fleißarbeit beobachten. Das Museum, das älteste dieser Art in Deutschland, informiert über Bienenkunde und Kulturgeschichte der Imkerei. Die Bienenzucht rund um Weimar hat Tradition, viele Exponate stammen aus der Region. Besonders interessant sind die Figurenbeuten, lebensgroße, geschnitzte und bemalte Bienenstöcke in Menschen- und Tiergestalt. Nach dem Rundgang lädt ein kleines Café zur Entspannung ein. Welcher Kuchen schmeckt im Bienenmuseums-Café wohl besonders köstlich? Der Bienenstich. *Di–So 10 bis 17 Uhr, Ilmstr. 3*

Ginkgo-Museum **[U B4]**
Goethe hat dem aus China stammenden Ginkgo zu Bekanntheit verholfen. Seither gehört der Baum zu Weimar. Populäre Wissenschaft

und Kunst verbindend, präsentiert das jüngste Museum der Stadt viele interessante Informationen rund um den Mythos Ginkgo. Außerdem wird Ginkgo-Tee ausgeschenkt. *Mo bis Fr 10–18 Uhr, Sa, So 10–16 Uhr, Frauentorstraße/Ecke Windischenstraße (im Obergeschoss des Ginkgo-Souvenirladens)*

Goethes Gartenhaus [U C5]

Von 1776 bis 1782 hat Goethe in dem Haus an der Ilm gewohnt. Auch nach seinem Umzug in das Haus am Frauenplan kehrte er oft hierher zurück. Seit der Restaurierung 1996 vermittelt das Gartenhaus, das schon Ende des 19. Jhs. Erinnerungsstätte wurde, wieder einen Eindruck dessen, was es stets für Goethe war: Rückzugs- und Arbeitsort. Heute sind nur noch originale Einrichtungsgegenstände zu sehen, die eine ungefähre Vorstellung davon geben, wie Goethe hier wohnte. An dem Stehpult im Arbeitszimmer – Goethe arbeitete gern im Stehen – hat der Dichter an dem Roman »Wilhelm Meisters theatralische Sendung« zu schreiben begonnen. *April–Okt. Mi–Mo 9–18 Uhr, Nov.–März Mi–Mo 10 bis 16 Uhr, Park an der Ilm*

Goethe Nationalmuseum und Goethes Wohnhaus [U B5]

★ Zu Weimars bekanntestem Museum, dem Goethe Nationalmuseum, gehören das Wohnhaus des Dichters, der so genannte Sammlungsbau von 1915 und das 1935 errichtete Goethe-Museum. Im Goethe Nationalmuseum wird der gesamte Nachlass des Dichters, mit Ausnahme der Handschriften, verwahrt. Die Sammlungen zur bildenden Kunst umfassen 26 500 Objekte, die zu den Naturwissenschaften 23 000. Nach dem Betreten des Museums geht es entweder nach links in die ständige Ausstellung des Nationalmuseums oder nach rechts in Goethes Wohnhaus.

Goethes Wohnhaus: In dem 1709 errichteten Haus wohnte Deutschlands bedeutendster Dichter fast 50 Jahre lang. Bereits 1885 wurde es der Öffentlichkeit zugänglich gemacht. Die so genannten Christianezimmer bewohnte Goe-

MARCO POLO Highlights »Museen«

★ **Goethe Nationalmuseum**
Hier gilt es sich zu entscheiden: Goethes Wohnhaus, Goethe-Museum oder beides (Seite 41)

★ **Schlossmuseum**
Malerei, Grafik und Plastik vom Mittelalter bis zur Gegenwart (Seite 46)

★ **Neues Museum Weimar**
Zeitgenössische internationale Kunst (Seite 43)

★ **Weimar Haus** Insider Tipp
Das erste multimediale Erlebnismuseum in Deutschland (Seite 47)

thes Lebensgefährtin und spätere Ehefrau, das Junozimmer diente als Empfangssalon und Musikzimmer. Im Hinterhaus liegen Goethes Arbeitsräume, zu denen nur die Familienmitglieder und wenige Freunde Zutritt hatten. Goethe richtete die niedrigen, engen Kammern bescheiden ein. In einem Gespräch mit seinem Sekretär Johann Peter Eckermann sagte er: »... prächtige Zimmer und elegantes Hausgerät (sind) etwas für Leute, die keine Gedanken haben und haben mögen ...«

Vom Vorzimmer aus blickt man in die (Besuchern nicht zugängliche) Bibliothek mit etwa 6000 Bänden und in das Arbeitszimmer, in dem so bedeutende Werke wie »Wilhelm Meisters Wanderjahre«, die »Wahlverwandtschaften« und der »Faust« entstanden. Beide Räume sind im Originalzustand erhalten. In dem bescheidenen Schlafzimmer ist Goethe in den Mittagsstunden des 22. März 1832 im Sessel sitzend gestorben. Der Garten an Goethes Wohnhaus ist seit 1886 für die Öffentlichkeit zugänglich. Hauptsächlich Christiane hat ihn genutzt, um den Haushalt mit Obst und Gemüse zu versorgen. *April bis Okt. Di–So 9–18 Uhr, Nov.–März Di–So 9–16 Uhr, Frauenplan 1*

Ständige Ausstellung »Wiederholte Spiegelungen. Weimarer Klassik 1759–1832«: Die 1999 eröffnete Ausstellung folgt nicht den chronologischen Grundlinien der Biografie Goethes, sondern zeigt den berühmten Dichter in seinen vielfältigen Beziehungen zu Persönlichkeiten der damaligen Zeit. Entstanden ist ein Panorama der Literatur, der Politik und der Kunst zwischen 1750 und 1840. Zu sehen sind rund 800 Exponate, fast ausschließlich Originale. *April–Okt. Di–So 9 bis 18 Uhr, Nov.–März Di–So 9 bis 16 Uhr, Frauenplan*

Kirms-Krackow-Haus **[U B3]**

Weder Kirms noch Krackow waren in Weimar berühmte Leute. Johann Joachim Kirms war herzoglicher Amtsschreiber, Karoline Krackow, die er 1823 heiratete, Kammerfrau. Das Renaissancehaus aus dem 16. Jh. ist nach dem Besitzerehepaar benannt und dokumentiert die Wohnkultur und die Lebensweise des gehobenen Bürgertums zu dessen Zeit. Die Wohnräume sind mit Möbeln, Teppichen, Handarbeiten, Bildern, Büchern und Kunsthandwerk vom Anfang des 19. Jhs. ausgestattet. Das historische Bürgerhaus, eines der ältesten und schönsten in Weimar, wurde von 1996 bis 1998 umfassend restauriert. Mit den Arbeiten ging eine Erweiterung der Nutzungsmöglichkeiten einher. Neben dem geschlossenen Wohnensemble im ersten Obergeschoss mit dem authentischen Interieur aus der Zeit zwischen 1780 und 1825 entstand ein Veranstaltungszentrum der Stiftung, in das zu Vorträgen, Workshops, Lesungen, kleinen Theateraufführungen und Buchpräsentationen geladen wird. Der Innenhof und der hinter dem Gebäude liegende Garten, der bedeutendste Biedermeiergarten der Klassikerstadt, wurden nach alten Plänen restauriert. *April–Okt. Di bis So 9–18 Uhr, Nov.–März Di–So 10 bis 16 Uhr, Jakobstr. 10*

Insider Tipp

Liszt-Haus **[U B5]**

Von 1869 bis zu seinem Tod 1886 bewohnte Franz Liszt vornehmlich in den Sommermonaten die Räume des ersten Stockwerks in dem schlichten einstigen Hofgärtnerhaus. Das Haus am westlichen Rand des Ilmparks hatte der Großherzog dem Komponisten zur Verfügung gestellt, um ihn an Weimar zu binden. Das Wohn- und Arbeitszimmer blieb original erhalten und ist seit über 100 Jahren zu besichtigen. Ein Teil der Wohnungseinrichtung stammt aus der Altenburg – beispielsweise gehörte das Mobiliar des Speisezimmers Fürstin Carolyne von Sayn-Wittgenstein, mit der Liszt auf der Altenburg zusammengelebt hatte. *April–Okt. Di–So 9 bis 18 Uhr, Nov.–März 10–16 Uhr*

Museum für Ur- und Frühgeschichte Thüringens **[U A5]**
Das Museum informiert ausführlich über die Ur- und Frühgeschichte des Freistaats Thüringen. Zu den Exponaten zählen altsteinzeitliche Funde aus Bilzingsleben und Weimar-Ehringsdorf, die zu den ältesten Nachweisen menschlicher Existenz in Mitteleuropa gehören. Zahlreiche Werkzeuge, Feuerstellen, Jagdtierknochen und Pflanzenabdrücke geben Aufschluss über das Leben der Menschen in der Altsteinzeit. Besonders interessant sind auch die Goldschmiedearbeiten aus dem in Haßleben entdeckten Grab einer germanischen Fürstin, die Wirtschaftsgegenstände und Pfahlgötzen aus dem germanischen Moor- und Seeheiligtum von Oberdorla bei Mühlhausen sowie der goldene Schmuck aus dem Grab einer ostgotischen Prinzessin, das in Oßmannstedt bei Weimar gefunden wurde und aus der Völkerwanderungszeit stammt. *Mo–Fr 9–17 Uhr, Sa, So 11–17 Uhr, Humboldtstr. 11*

Neues Museum Weimar **[U A1]**
★ Das Herzstück des ersten Museums für zeitgenössische internationale Kunst in den neuen Bundesländern bildet die Sammlung Paul Maenz, die der ehemalige Kölner Galerist und Kunsthändler bereits Anfang der 1990er-Jahre den damaligen Kunstsammlungen zu Weimar übergab. Die Sammlung gilt als eine der wichtigsten deutschen Privatsammlungen internationaler Avant-

Das Neue Museum Weimar präsentiert zeitgenössische internationale Kunst

garde. Das Museum zeigt gegenwärtig Neues aus der Sammlung Paul Maenz, Neuerwerbungen seit 1993 und eine Auswahl aus dem Sammlungsbestand zur Kunst in der DDR.

Der rekonstruierte Bau im Neorenaissancestil wurde 1869 als Großherzogliches Museum eröffnet und hieß seit 1919 Landesmuseum. In den 1920er-Jahren fanden hier wegweisende Ausstellungen moderner Kunst statt, in der NS-Zeit waren die berüchtigten Ausstellungen »Entartete Kunst« und »Entartete Musik« zu sehen. Am Ende des Zweiten Weltkriegs standen von dem Bauwerk nur noch die Außenmauern. Seit der Wiedereröffnung des Museums 1998 ist im ersten Obergeschoss wieder die Prellergalerie mit Wandbildern und spätklassizistischem Dekor zu sehen. Benannt ist der opulent ausgestattete Raum nach dem Hofmaler Friedrich Preller d. Ä. *April–Okt. Di–So 10 bis 18 Uhr, Nov.–März Di–So 10 bis 16.30 Uhr, Weimarplatz 4*

Nietzsche-Archiv **[102 A6]**

Friedrich Nietzsche, der große, umstrittene Philosoph vom Ende des 19. Jhs., verbrachte seine drei letzten Lebensjahre in der Villa seiner Schwester in Weimar. Nach Nietzsches Tod übernahm der in Weimar tätige, berühmte belgische Architekt Henry van de Velde den Umbau und die Innenausstattung des Hauses zu einer Arbeits- und Gedenkstätte. Zur DDR-Zeit wurde Nietzsche weitgehend ignoriert, das Archiv geschlossen. Heute trägt das Haus wieder den Namen Nietzsche-Archiv. Zu besichtigen sind der Bibliotheksraum, das Arbeitszimmer mit bedeutenden Porträtdarstellungen Nietzsches sowie das ehemalige Speisezimmer mit einer Ausstellung zur Baugeschichte des Hauses und zur Geschichte des Archivs. *April–Okt. Di–So 13–18 Uhr, Nov.–März Di–So 13–16 Uhr, Humboldtstr. 36*

Rokokomuseum Schloss Belvedere **[104 C6]**

In den schönen Räumen des Schlosses – darunter der Festsaal – wird Kunsthandwerk aus dem 17. und dem 18. Jh. gezeigt. Die Arbeiten sind Zeugnisse vor allem der höfischen Kultur des 18. Jhs. Beeindruckend sind die Fayencen, das Porzellan und die Gläser. Die im 18. Jh. entstandenen Thüringer Porzellanmanufakturen sind fast alle mit Beispielen vertreten: Volkstedt, Wallendorf, Ilmenau und Limbach ebenso wie Gotha und Kloster Veilsdorf. Ein Einblick in die Entwicklung der Glaskunst wird anhand von Exponaten aus der Zeit vom 16. bis zum 19. Jh. gegeben. Ebenfalls zu sehen sind Möbel, vor allem Schreibmöbel und anspruchsvolle Raumausstattungen, sowie Textilien. *April–Sept. Di–So 10 bis 18 Uhr, Okt. Di–So 10–16.30 Uhr*

Römisches Haus **[U C6]**

Den Auftrag, eine großherzogliche Sommerwohnung zu errichten, bekam Goethe von Carl August mit den Worten: »Den Bau des Gartenhauses übergebe ich dir ganz ... tue, als wenn du für dich bautest.« Das Römische Haus entstand Ende des 18. Jhs. auf der Anhöhe am Westufer der Ilm. Goethe ließ viele baukünstlerische Elemente einfließen, die er von seiner Italienreise mitgebracht hatte. Die Innenausstattung, an der Künstler aus Dresden, Weimar und Gotha beteiligt waren, ist zeitgenössisch und gibt einen Einblick in die Privatsphäre des Herzogs und seiner Familie. Im Untergeschoss ist eine Ausstellung zur Bau-, Nutzungs- und Restaurierungsgeschichte des Hauses und der Parkanlage zu sehen. *April bis Okt. Di–So 9–12, 13–18 Uhr, Nov. bis März Di–So 10–12, 13–16 Uhr, Park an der Ilm*

Schiller-Museum [U A4]

Im Schiller-Museum, 1988 als Neubau hinter Schillers Wohnhaus eröffnet, zeigt die Stiftung Weimarer Klassik und Kunstsammlungen Sonderausstellungen zu unterschiedlichen Themen. Die Öffnungszeiten erfährt man bei der Besucherinformation. *Schillerstr. 12*

Schillers Wohnhaus [U A4]

Von 1802 bis zu seinem Tod am 9. Mai 1805 wohnte und arbeitete Friedrich Schiller in dem bescheidenen Haus an der heute nach ihm benannten Straße. Zu erreichen ist es vom Schiller-Museum aus über einen Gang. Bereits seit 1847 ist Schillers Wohnhaus museale Gedenkstätte. Schiller arbeitete meist nachts und ruhte am Tag. Um ungestört schöpferisch tätig sein zu können, zog er deshalb in das aus drei Räumen bestehende Mansardengeschoss, das sich so präsentiert, wie es zu Zeiten des Dichters ausgesehen haben könnte. In dem anspruchslos eingerichteten Arbeits- und Schlafzimmer bildet der Schreibtisch mit Globus, Uhr und Schnupftabaksdose den Blickpunkt. Hier hat Schiller bei Kerzenlicht unter anderem den »Wilhelm Tell« vollendet und am »Demetrius«-Drama gearbeitet. Die Wohnräume der Familie – Wohn-, Ess- und Gesellschaftszimmer – liegen eine Etage tiefer. *April–Okt. Mi–Mo 9 bis 18 Uhr, Nov.–März Mi–Mo 9 bis 16 Uhr, Schillerstr. 12*

An diesem Schreibtisch in seinem Wohnhaus arbeitete Friedrich Schiller

Schlossmuseum **[U C3–4]**

★ In mehr als 70 historischen Räumen des Residenzschlosses werden Malerei, Grafik und Plastik vom Mittelalter bis zur Gegenwart ausgestellt. Die Sammlungen gehören zu den bedeutendsten in Thüringen. Im Erdgeschoss sind Arbeiten der religiösen Kunst des Mittelalters zu sehen, ferner Kunst der Renaissance, darunter eine Auswahl bedeutender Werke von Lucas Cranach d. Ä., beispielsweise die Bilder »Luther als Junker Jörg« und »Christus segnet die Kinder«. Hier steht auch die 1706 in Weimar gefertige Insider Tipp astronomische Uhr, die viertelstündlich ab 4 Uhr bis 21.30 Uhr erklingt.

Durch das Audienzzimmer Herzog Carl Augusts führt der Weg ins erste Obergeschoss zur Galerie niederländischer und italienischer Malerei. Hier sind einige Bilder von Peter Paul Rubens, Willem van de Velde (Hafenszenen) und Tintoretto zu sehen. Auch spanische Maler sind vertreten. Im Westflügel hängen Gemälde aus der Zeit der Aufklärung, darunter Werke von Anton Maron und Johann Friedrich August Tischbein. Beachtenswert in diesem Geschoss sind auch historische Wohn- und Festräume des Klassizismus. Original erhalten blieben im so genannten Kleinen Flügel die Gesellschaftsräume der Großherzogin Maria Pawlowna. Die Insider Tipp Dichterzimmer im Westflügel, auf Anregung Maria Pawlownas eingerichtet, gelten als die frühesten Erinnerungsstätten für Goethe, Schiller, Wieland und Herder.

Über das Marmortreppenhaus – ein hervorragendes Beispiel klassizistischer Architektur in Deutschland – erreicht man das zweite Obergeschoss, wo Arbeiten von Vertretern der »Weimarer Malerschule« ausgestellt sind. *April bis Okt. Di–So 10–18 Uhr, Nov.–März Di–So 10–16.30 Uhr, Burgplatz 4*

Schloss Tiefurt **[103 F2]**

Als Herzoginwitwe Anna Amalia das Schloss als Sommersitz nutzte, wurde es zum Musenhof des klassischen Weimar. Wieland, Goethe, Herder und Schiller gehörten zu den ständigen Gästen des Hauses. Die zum großen Teil original erhaltene Ausstattung der Gesellschafts-, Wohn- und Schlafräume im ersten Stock ist typisch für den Geschmack und die Wohnkultur der Goethezeit. Zu sehen sind Möbel, Fürstenberger und chinesisches Porzellan, Gemälde und Kopien antiker Kunstwerke. Die nur im Sommer geöffnete Schlossküche im Erdgeschoss des Seitenflügels wurde mit alten Küchengeräten so eingerichtet, wie sie Mitte des 19. Jhs. ausgesehen haben mag. Braten, Fische, Gemüse, Obst und Kuchen sind Attrappen aus Papiermaché. *April–Okt. Di–So 9–18 Uhr, Nov. bis März Di–So 10–16 Uhr*

Stadtmuseum **[U A2]**

Auf drei Etagen wird in 18 Ausstellungsbildern die Geschichte Weimars von frühen Siedlungsanfängen bis zur Gegenwart präsentiert. »Poetische Weltprovinz – museale Bilder zur Geschichte Weimars« nennt sich die Dauerausstellung im Bertuchhaus. Viel Platz wird Johann Sebastian Bach eingeräumt, aber auch dem Hoffotografen Louis Held (1851–1927, ab 1882 in Weimar ansässig). In der Kunsthalle am Goetheplatz, die 1880 als Ausstellungshalle des Großherzoglichen

Mit zwei PS zu den Klassikern

Wie zu Goethes Zeiten mit der Kutsche über holpriges Pflaster

Volontaire und Vasili, zwei schwere Warmblüter aus der Rhön, ziehen die Kutsche mit wissbegierigen Touristen über das holprige Pflaster der Innenstadt. Die Pferde laufen fast von allein, denn sie kennen den Weg seit Jahren. Eingestiegen in die Kutsche aus dem 19. Jh. wird an der Ecke Schillerstraße/Frauenplan. 45 Minuten lang geht es bei der Standardtour mit zwei Pferdestärken durch die Innenstadt zu Sehenswürdigkeiten aus der Zeit der Klassiker, unter anderem zur Herderkirche und zum Stadtschloss. Hier und dort wird Halt gemacht, und dann erzählt Kutscher Gunter Grobe Geschichten, angereichert mit mancher Anekdote. Grobe kennt sich mit Gästen aus, denn er war einst Restaurantleiter im berühmten Weimarer Hotel Elephant. Die Liebe zu den Pferden war es, die ihn in das kleine Fuhrunternehmen des Vaters wechseln ließ, das er heute leitet. *Gunter Grobe, Postfach 2634, 99407 Weimar, Tel./Fax 42 69 18 oder 0172/649 45 33*

»Museums für Kunst und Kunstgewerbe« erbaut wurde, zeigt das Stadtmuseum Sonderausstellungen. *April–Okt. Di–So 10–18 Uhr, Nov. bis März Di–So 10–17 Uhr, Karl-Liebknecht-Str. 5*

sider pp

Weimar Haus **[U A4]**

★ Das erste multimediale Erlebnismuseum in Deutschland. Auf 1000 m² wird – unter anderem durch den Einsatz dreidimensionaler Effekte – der Museumsbesuch zu einem unterhaltsamen und anschaulichen Spaziergang. In sieben Erlebnisräumen werden die Besucher auf eine Zeitreise durch fünf Jahrtausende geschickt, die Begegnungen mit Geistesgrößen wie Goethe, Schiller, Luther und Herzogin Anna Amalia einschließt. *Führungen (Dauer 25 Min.) April–Sept. tgl. 10–20 Uhr, Okt.–März tgl. 10 bis 18 Uhr, Schillerstr. 16–18*

Wittumspalais **[U A4]**

Herzogin Anna Amalia erwarb das Palais 1774 und wohnte darin bis zu ihrem Tod 1807. Die Wohn- und Repräsentationsräume veranschaulichen die Raumgestaltung und die Wohnkultur in der zweiten Hälfte des 18. Jhs., ferner vermitteln sie ein Bild der Menschen, die Anna Amalia umgaben. Im Tafelrundenzimmer im ersten Stock trafen sich montags Adlige, Künstler, Gelehrte und Persönlichkeiten aus dem gebildeten Bürgertum zu den »Tafelrunden« von Anna Amalia, um gemeinsam über Probleme ihrer Zeit zu diskutieren. Schlafzimmer, Schreibzimmer und zwei kleine Kabinette geben einen Einblick in die persönliche Lebenswelt der Herzogin, hier komponierte, musizierte und zeichnete sie. *April–Okt. Di–So 9–18 Uhr, Nov.–März Di–So 10 bis 16 Uhr, Theaterplatz*

Rostbratwurst und Zwiebelkuchen

Nationalgericht in Weimar sind Thüringer Klöße mit Braten und viel Soße

Die Thüringer und demzufolge auch die Weimarer lieben deftige Hausmannskost. Das war so, und daran wird sich wohl auch nichts ändern. Trotzdem: Ganz so verallgemeinert trifft es nicht mehr zu, denn die Zeiten haben sich geändert. Auch in Weimar kochen immer mehr Köche phantasievoll, und was sie servieren lassen, sind Gaumenfreuden. Die verdiente Anerkennung erhalten sie durch Kochlöffel oder Sterne, die Restaurantführer zunehmend auch Gaststätten in Weimar für kreative Speisen verleihen.

Zu Ruhm über die Landesgrenzen hinaus brachten es die deftigen Speisen, an erster Stelle die Thüringer Rostbratwurst, deren Duft das ganze Jahr über den Marktplatz von Weimar zieht. Rind-, Kalb- und Schweinefleisch wird pikant gewürzt und locker in Schweinedarm gestopft. Locker deshalb, damit sich die Wurst beim Knusprigbraten blähen kann. Der Name der Wurst stammt übrigens nicht vom Braten, sondern von dem gehackten Fleisch, das auf dem Land »Brat« genannt wird. Der Legende nach

Thüringer Rostbratwürste – auch in Weimar unwiderstehlich

Ein sonniges Plätzchen im Freien

soll die Thüringer Volksspeise Nr. 1 so entstanden sein: Im 7. Jh. führten die Sorben, die im östlichen Thüringen siedelten, in Därme gefülltes Hackfleisch als Wegzehrung mit sich. Als Regen sie zu plötzlicher Rast zwang, wurden in der Schnelle die gefüllten Därme über das Feuer gehalten – und fertig war die erste Thüringer Bratwurst.

Berühmt sind ebenfalls die Thüringer Klöße, von denen es so viele Varianten geben soll wie in Thüringen Dörfer. Auch in Weimar ist Kloß nicht gleich Kloß, jeder Koch und jede Hausfrau haben ihr eigenes Rezept, das meist aus dem elterlichen Haus übernommen wurde. Woran ist ein richtiger, guter Thüringer Kloß zu erkennen? Daran, dass man ihn nicht als Beilage, sondern als Hauptgericht isst. Die Kartoffel bestimmt den Speisezet-

Das »Resi« am Grünen Markt ist schon seit Jahrzehnten Treffpunkt für alle

tel, was nicht immer so war. Erst gegen Ende des 18. Jhs. begann im Herzogtum Sachsen-Weimar zaghaft der Kartoffelanbau. Aber rasch wurden die Erdäpfel zum Hauptnahrungsmittel. Von ihrer einfallsreichen Verwendung zeugt die Vielfalt der Kartoffelsuppen. Sogar in den Hefekuchenteig knetet man gekochte und gequetschte Kartoffeln. Ein solcher Kartoffelkuchen – frisch muss er allerdings sein – ist eine Delikatesse.

In Weimars kleiner Altstadt sind auf engem Raum Cafés und Restaurants versammelt. Im Elephantenkeller am Markt saßen seit Goethes Zeiten wohl alle namhaften Besucher Weimars. Wer ein wenig von der alten Eleganz der Stadt sehen möchte, geht ins Restaurant Alt Weimar. Hier hängen historische Weimarbilder des Hoffotografen Louis Held (1851–1927), der fünf Jahrzehnte lang alle Prominenten und großen Ereignisse der Stadt ablichtete.

Thüringen ist ein Kuchenland. So ist es auch in Weimar durchaus üblich, bereits zum Frühstück süße Kuchen zu essen. Köstlich sind Mohn-, Quark- oder Pflaumenkuchen. Zwiebelkuchen schmeckt nur, wenn er frisch ist. Nicht überall ist er immer im Angebot. Wenn er zu haben ist, wird das den Gästen auf dem Aushang mitgeteilt.

In Weimar wird traditionell Bier getrunken, meist welches aus heimischen Brauereien, wie beispielsweise das Köstritzer. Wer zu viel gegessen hat, lässt sich einen Aromatique servieren, einen Magenbitter aus dem nahen Neudietendorf. Seit mehr als 170 Jahren wird er nach einer streng gehüteten Rezeptur in traditioneller Weise ohne fertige Essenzen und künstliche Aromastoffe hergestellt. Weintrinker wählen gern Saale-Unstrut-Weine, die aus dem nördlichsten geschlossenen Weinbaugebiet Europas kommen. Die Weinregion, eine der kleinsten in Deutschland, erstreckt sich entlang der Saale und der Ilm von Bad Sulza im Thüringischen bis Weißenfels und entlang der Unstrut von Nebra bis Naumburg. Hauptrebsorte ist der Müller-Thurgau, der sich durch eine angenehme, frische Säure und ein leichtes, feinwürziges Muskatbukett auszeichnet. Dieser Wein, den es wegen der geringen Größe des Anbaugebietes nur in begrenzter Menge gibt, hat viele Liebhaber gefunden.

CAFÉS

Café am Herderplatz [U B3]
Der selbst gebackene Kuchen schmeckt vorzüglich, für den kleinen Hunger gibt es einen Imbiss. *Tgl., Herderplatz 15, Tel. 90 56 84*

Dolomiti [U B4]
36 Eissorten! Und dazu eine große Auswahl an Kuchen. *Tgl., Markt 3, Tel. 50 44 58*

Eiscafé Venezia [U A4]
Das original italienische Eis gehört mit zum besten im Weimarer Land. Probieren sollten Sie das sonst selten angebotene Zimteis. *Tgl., Schillerstr. 13 (Eingang Hummelstraße), Tel. 591 56*

Frauentor [U A4]
Eigene Konditorei, jeden Tag werden 18 Sorten Kuchen angeboten. *Tgl., Schillerstr. 2, Tel. 51 13 22*

Goethe-Café [U A3]
Kuchen aus eigener Herstellung. Spezialität: Palatschinken. *Tgl., Wielandstr. 4, Tel. 90 34 32*

Kleines Kaffee [102 B4]
Hinter dem Theater, mit frischem Blechkuchen und Torten. Kleiner Hausgarten. *Tgl., Heinrich-Heine-Str. 10, Tel. 20 22 31*

Residenzcafé [U B4]
Das »Resi« gehört zu Weimar wie Goethes Wohnhaus. *Tgl., Grüner Markt 4, Tel. 594 08*

Wiener Kaffeehaus [U A3]
Österreichische Mehlspeisen, Torten und Wiener Kaffeespezialitäten wie Verlängerter (normaler Kaffee) und Kleiner Brauner (mit Sahne). *Tgl., Goetheplatz 2 (im Hotel Russischer Hof), Tel. 77 40*

MARCO POLO Highlights »Essen & Trinken«

★ **Bistrot à vin »La Palette«**
Ländliche französische Küche und exzellente Weine (Seite 52)

★ **Sommers**
Gemütliche historische Weinstuben mit viel Atmosphäre (Seite 53)

★ **Elephantenkeller**
Fast so berühmt wie das Hotel Elephant (Seite 53)

★ **ACC-Café-Restaurant**
Insider Tipp
Im Szenetreff Weimars wird frische, leichte Küche serviert (Seite 55)

Die Gourmettempel von Weimar

Alt Weimar **[102 B5]**
Gemütliches, renommiertes Lokal mit feiner Küche. Der Service lässt keine Wünsche offen. Angeboten werden auch Weine von Saale-Unstrut und Elbe. *Tgl., Prellerstr. 2 (im Hotel Alt Weimar), Tel. 861 90*

Anna Amalia **[U B4]**
Stilvolles Restaurant mit ideenreicher italienischer Küche und vorbildlichem Service. In diesem Traditionsrestaurant ist eine Tischreservierung empfehlenswert. *So und Mo geschl., Markt 19 (im Hotel Elephant), Tel. 80 26 39*

Carl Alexander **[U B5]**
Stofftapeten und Biedermeiermöbel versetzen den Gast in die große Zeit Weimars, serviert wird eine kreative Frischküche. *Tgl., Beethovenplatz 1/2 (im Hotel Dorint am Goethepark), Tel. 87 26 60*

Dorotheenhof **[0]**
Küchenmeister Wolfgang Heikel verwöhnt seine Gäste mit »Historischen Tafelfreuden« nach Rezepten der Goethezeit. *Tgl., Dorotheenhof 1 (im gleichnamigen Hotel im Ortsteil Schöndorf), Tel. 45 90*

RESTAURANTS €€€

Anastasia **[U A3]**
Vor allem österreichische Küche prägt die Auswahl, doch nicht nur Tafelspitz und Kaiserschmarrn stehen auf der Karte, sondern auch Thüringer Klöße und Meeresfrüchte. *Tgl., Goetheplatz 2 (im Hotel Russischer Hof), Tel. 77 40*

Esplanade **[104 A2]**
Küche mit mediterranem Einschlag wird hier serviert, aber es sind auch Thüringer Spezialitäten und vegetarische Gerichte erhältlich. *Tgl., Belvederer Allee 25 (im Hilton Weimar), Tel. 72 20*

RESTAURANTS €€

Anno 1900 **[U A3]**
Gut sitzt es sich im historischen Wintergarten. Im Sommer großer Biergarten, am Wochenende oft Liveklaviermusik. *Tgl., Geleitstr. 12a, Tel. 90 35 71*

Bistrot à vin »La Palette« **[U B5]**
★ Der Künstlertreff in der historischen Mal- und Zeichenschule. Ländliche französische Küche und exzellente Weine. Empfehlenswert: Wurstspezialitäten und luftgetrockneter Schinken aus der Auvergne und aus Lothringen, eingelegte Oliven sowie Rohmilchkäse aus verschiedenen Regionen. *Tgl., Seifengasse 16, Tel. 90 42 26*

Brasserie Central **[U A2]**
Restaurant und Kaffeehaus im südfranzösischen Stil. Leichte europäische Küche, im Sommer ist es angenehm auf der großen Terrasse. *Tgl., Rollplatz 8a, Tel. 85 27 74*

Café-Restaurant Louis **[U B3]**
Restaurant im Hof und Garten des Kirms-Krackow-Hauses. Das mit

echten Blüten in Handarbeit hergestellte Gebäck Blütentaler und die Kreuzkümmel-Küchelchen, gebacken nach einem Rezept des Küchenmeisters der Herzogin Anna Amalia, gibt es nur hier. *Mo geschl., Jakobstr. 10, Tel. 80 16 81*

Cato **[U B4]**
Sonntags kann man sich zum Brunch einfinden, und der Cocktail der Woche steht mit Kreide angeschrieben. *Tgl., Obere Schlossgasse 1, Tel. 49 59 29*

Crêperie du Palais **[U A4]**
Herzhafte Galettes aus Buchweizenmehl, süße Crêpes, Weine und andere französische Köstlichkeiten bestimmen hier das Angebot. *Tgl., Am Palais 1, Tel. 40 15 81*

Elephantenkeller **[U B4]**
★ In dem rustikalen Ambiente des Kellergewölbes zu speisen macht Vergnügen. Serviert wird regionale Küche, der Service ist freundlich. *Tgl., Markt 19 (im Hotel Elephant), Tel. 80 26 66*

Gasthausbrauerei Felsenkeller **[102 A6]**
In der Südstadt gelegene Gasthausbrauerei mit Biergarten, die Brauereiführungen mit Verkostung anbietet. *Tgl., Humboldtstr. 37, Tel. 85 03 66*

Gastmahl des Meeres **[U B3]**
See- und Süßwasserfische in allen Variationen, von Oktober bis März Karpfengerichte. Die meisten Fische kommen frisch aus den Gewässern Thüringens. Im Sommer wird im Garten unter einer großen Kastanie serviert. *Tgl., Herderplatz 16, Tel. 90 12 00*

Kartoffelhaus **[U A2]**
Es ist erstaunlich, wie vielfältig die Kartoffel zubereitet werden kann. *Tgl., Rollplatz 9, Tel. 51 78 07*

Ratskeller **[U B4]**
Durch seine zentrale Lage in den Mittagsstunden meistens voll, abends aber sitzt man hier gut. Gekocht wird Thüringer Küche. *Tgl., Markt 10, Tel. 85 05 73*

Sommers **[U A5]**
★ Ein Genuss: der ofenwarme Zwiebelkuchen, die Heldrunger Zwiebelsuppe und das Rostbrätl. Auch Saale-Unstrut-Weine gibt es in den gemütlichen historischen Weinstuben. Die schönsten Plätze befinden sich in der Weinstube am Kachelofen. *Tgl., Humboldtstr. 2, Tel. 40 06 91*

Shakespeares **[U B4]**
Karges Dekor, Tische ohne Decken, offene Küche, gutes Essen und aufmerksamer Service. *Tgl., Windischenstr. 4–6, Tel. 90 12 85*

Rustikal und freundlich ist die Atmosphäre im Elephantenkeller

Weimarer Spezialitäten

Lassen Sie sich diese Köstlichkeiten gut schmecken!

Thüringer Klöße – Sie bestehen meist zu zwei Dritteln aus rohen und zu einem Drittel aus gekochten Kartoffeln. In den faustgroßen Klößen, die man in siedendem Salzwasser gar ziehen lässt, stecken geröstete Semmelwürfel

Sauerbraten – In einer Marinade eingelegtes Rinderschmorfleisch wird mit einer aus Speisepfefferkuchen sämig gebunden Soße serviert. Dazu gibt es Apfelrotkohl und Thüringer Klöße

Kartoffelpuffer – Rohe geriebene Kartoffeln und Zwiebeln werden mit Eiern und Salz vermengt und in heißem Fett von beiden Seiten gebraten

Topfbraten – Schweineschnauze, -ohren, -herz und -nieren, klein geschnitten und mit Gewürzen gekocht. Die Soße erhält ihren besonderen Geschmack durch die Beigabe von fein zerkrümeltem Schwarzbrot oder Lebkuchen sowie sauren Gurken

Rostbrätl – eine kräftig mit Salz, Pfeffer und Kümmel gewürzte Schweinekammscheibe. Das mit Zwiebelscheiben mehrere Stunden in Bier eingelegte Fleisch wird auf dem Holzkohlenrost gegrillt

Eisbein in Meerrettichsoße – in Brühe gekochte Schweinehaxe, die mit Sauerkraut und Kartoffeln auf den Tisch kommt

Serviettenkloß – Altbackene Brötchen lässt man in Milch ziehen. Die Masse wird mit Eiern, Salz und etwas Muskatnuss verquirlt, in eine Serviette gebunden und in kochendem Wasser gegart

Schichtkraut – Gewürztes Hackfleisch und angebratenes Weißkraut werden in einer Auflaufform im Ofen gebacken. Als Beilage werden Pell- oder Salzkartoffeln gereicht

Hefeklöße in Heidelbeeren – aus einem süßen Hefeteig geformte Klöße, die über Wasserdampf gegart werden. Dazu: heiße Heidelbeeren oder anderes Obst

Speckkuchen – Auf den mit Salz und Paprikapulver zubereiteten Hefeteig kommt angebratener klein geschnittener Speck, der mit Kümmel bestreut wird. Der Kuchen wird nach dem Backen sofort serviert

Zwiebelkuchen – Der Belag auf dem Hefeteig besteht aus fein geschnittenen, in ausgebratenem Speck gedünsteten Zwiebelringen. Der Kuchen wird warm gegessen

Theater-Café [U A4]
Spezialitäten dieses Hauses sind Essen vom heißen Stein und Rezepte aus Goethes Küche. Es liegen ständig 20 verschiedene internationale und nationale Tageszeitungen aus. *Tgl., Theaterplatz 1a, Tel. 90 32 09*

RESTAURANTS €

Insider Tipp
ACC-Café-Restaurant [U B4]
★ Der Szenetreff Weimars. Künstler, Banker und Politiker sitzen hier gemütlich mit Touristen bei Wein, Bier, Kaffee, Tee und gutem Essen beieinander (preiswertes Tagesgericht!). *Tgl., Burgplatz 1, Tel. 85 11 61*

Altweimarsche Bierstube [U A5]
Insider Tipp
Deftige und äußerst preiswerte Küche. *Tgl., Frauentor 13, Tel. 90 22 26*

Bierstube Consilium [U B5]
Im rustikalem Ambiente werden zünftige Hausmannskost und regionale Spezialitäten serviert. Das typische Gericht: Tafelspitz in der Senfkruste mit Kartoffel-Gurkensalat und Salat der Saison. *Tgl., An der Ackerwand (im Hotel Dorint am Goethepark), Tel. 87 20*

Bratwurstglöckl [102 B3]
Ein über 100 Jahre altes, gemütliches Lokal mit Thüringer Küche. *Tgl., Carl-August-Allee 17a, Tel. 20 28 75*

Faust [U B4]
Toll sind der Bierkeller und der überglaste Innenhof. 80 verschiedene Weine sind im Angebot, davon 22 offene. *Tgl., Burgplatz 2, Tel. 51 88 43*

Gasthaus Grabenschänke [U B3]
Die Thüringer Klöße werden hier noch von Hand gemacht. Spezialität: Riesenbratwurst und Rostbrätl vom Holzkohlegrill. *Tgl., Graben 8, Tel. 90 21 07*

Gasthaus Jakobsschänke [U A3] Insider Tipp
Gekocht wird sehr schmackhafte thüringische Küche, die zu erstaunlich niedrigen Preisen serviert wird. Etwas versteckt gelegen, deshalb nicht überlaufen. *Tgl., Kleine Kirchgasse 3, Tel. 50 26 99*

Sächsischer Hof [U B3]
Hier bekommen Sie gutbürgerliche Küche. Im Kellergewölberaum steht ein Poolbillardtisch. *Tgl., Eisfeld 12, Tel. 40 13 84*

Scharfe Ecke [U B3]
Traditionsreiche Gaststätte, in der gutbürgerliche und Thüringer Küche auf den Tisch kommt; auch an Vegetarier wird gedacht. Die Klöße werden aus rohen Kartoffeln selbst hergestellt. *Mo geschl., Eisfeld 2, Tel. 20 24 30*

Trattoria »Faustina« [U B5]
Italienische Snacks und Pastagerichte (auch zum Mitnehmen). Typisch: Pan Bagnet – in Vinaigrette gebadetes Brot mit Tomaten, Basilikum, Thunfisch, Paprika und Zwiebeln. *Mo geschl., Seifengasse 4 (im Goethe Nationalmuseum), Tel. 85 13 01* Insider Tipp

Zum Zwiebel [U B3]
Originalrezepte aus Großmutters Zeiten. Thüringer Bratwürste, Wild und Geflügel mit Thüringer Klößen. *Tgl., Teichgasse 6, Tel. 50 23 75*

Shoppen leicht gemacht

Auch ohne große Namen bietet das kleine Weimar Einkaufsspaß – und das mit kurzen Wegen

Modisches in der Klassikerstadt

Exklusiven Konsumglanz und große Namen hat Weimar nicht zu bieten. Keine der großen Warenhausketten hat in der Stadt eine Filiale, nicht einmal eine Markthalle ist vorhanden. Aber dennoch bereitet es Vergnügen, in der Stadt zu shoppen, vor allem, weil das auf kurzen Wegen möglich ist. Das Einkaufspflaster befindet sich im Wesentlichen auf den wenigen Hundert Metern vom Theater- zum Marktplatz, zwischen denen die Schillerstraße verläuft. Hier reihen sich Boutiquen, Buchläden und Juweliergeschäfte aneinander, und dazwischen lädt immer wieder ein Café oder ein Restaurant zu einer Pause ein. Bei einem Cappuccino, einem Bier oder Eis wird das Gekaufte betrachtet, oder es wird überlegt, was es noch mitzunehmen gilt.

Zum typischen Weimar-Souvenir avancierte das Ginkgoblatt. Alle Juweliere bieten es an, in Gold oder in Silber, als Brosche oder Ohrschmuck, groß oder klein. Ein Gedicht erhalten Sie gratis dazu: Goethe hat es 1815 dem zweilappigen Blatt gewidmet. Der Dichter soll eine tiefe Beziehung zu dem Fächerbaum gehabt haben, der bis zu 30 m hoch werden kann. In seinem Hausgarten soll er ein Exemplar angepflanzt haben. Das Ginkgoblatt wird auch aus Marzipan angeboten, und auch Ginkgo-Tee gibt es zu kaufen.

Weimar-Porzellan mit dem schönen Dekor »Weimarer Rose«, einer Huldigung an die Weimarer Gärten

Gern gekauft wird auch Weimar-Porzellan, das seit 1790 hergestellt wird – nicht in Weimar, sondern im nahen Blankenhain, doch wer würde sich schon für Blankenhain-Porzellan interessieren? Also musste der Name Weimar für das Porzellan herhalten, das die kunstsinnigen Fürsten mehr als anderthalb Jahrhunderte benutzt haben. Groß ist die Auswahl an Bildbänden, aber auch die Werke der Klassiker sind natürlich in den Buchhandlungen erhältlich.

Goethe-Barometer

In Museumsshops erhältlich: Repliken von Gegenständen aus dem Besitz der Dichterfürsten

Goethe beschäftigte sich 1792/93 mit Luftdruckmessungen und ließ sich ein Barometer aus Thüringer Waldglas fertigen. Im Goethe Nationalmuseum ist es noch heute zu sehen. Die Farbglashütte Lauscha stellt das Barometer wieder her – erwerben kann man es, wie auch ein Wasserglas aus Goethes Wohnhaus, im Shop des *Ginkgo-Museums (Frauentor-/Ecke Windischenstraße)* und in der *Tourist-Information.* Hier wird auch der »Stein des Guten Glücks« angeboten, gefertigt aus Alabaster in verschiedenen Farben. Der Originalstein ist im Garten des Goethe-Gartenhauses im Ilmpark zu sehen. Der Würfel symbolisiert das Statische, Gefestigte und Ruhende, die darüber liegende Kugel das Dynamische, Bewegliche.

ANTIQUARIAT

Ingrid Werner
Beachtlich, was hier an alter Reiseliteratur und an Ansichtskarten vorhanden ist. Etwas Zeit zum Stöbern (und Schmökern) sollte aber mitgebracht werden. *Rollplatz 15* [U A3] *und Markt 2* [U B4]

ANTIQUITÄTEN

Antiquitäten Am Schloss [U B4]
Altes Porzellan, Glas, Zinn und historische Bilder. *Obere Schlossgasse 2*

Antiquitäten am Palais [U A4]
Gehstöcke, Dirigentenstöcke und altes Kunsthandwerk. *Schillerstr. 22*

GALERIE

Galerie Profil [U B4]
Malerei, Grafik und Plastik, vorwiegend Arbeiten von Künstlern aus Thüringen. *Schlossgasse 6*

MARKT

Wochenmarkt [U B4]
★ Händler bieten auf dem Marktplatz zwischen Rathaus und Cranachhaus Mo–Fr von 8 bis 17 Uhr und Sa von 8 bis 14 Uhr Obst und Gemüse, Blumen, Keramik und Zwiebelzöpfe an.

MODE

Kaiser-Krawatte [U A4] Ins Tip
In dem kleinen Geschäft am Wittumspalais können Sie aus weit über 1000 verschiedenen Krawatten wählen. *Schillerstr. 22*

OPTIKER

Fielmann [U A4]
Ohne Brille in Weimar? Auch wenn das gute Stück verloren wird, braucht der Stadtbesuch nicht abgebrochen zu werden. Der Brillenriese hat auch hier seine stets gut besuchte Filiale. *Schillerstr. 17*

PORZELLAN

Meissener Porzellan am Schillerhaus **[U A–B4]**
Das Geschäft verfügt über eine repräsentative Auswahl des weltberühmten Porzellans aus der sächsischen Stadt Meißen. *Neugasse 1*

Weibo-Manufakturen **[U B4]**
Hier ist das seit 1790 gefertigte Weimar-Porzellan erhältlich. Besonders schön ist das Dekor »Rose von Weimar«, das eine Liebeserklärung an die romantischen Weimarer Gärten sein soll. *Schillerstr. 2*

SCHMUCK

Juwelier Oeke **[U B4]**
Das Ginkgoblatt in seiner ganzen Vielfalt: als Ring, Armschmuck, Brosche, Ohrschmuck, vergoldet oder versilbert. Hier gibt es außerdem die Original-Glashütter-Uhren. *Markt 22*

Goldschmiede Schädlich **[U B4]**
Handgefertigte Broschen und Anhänger, die im Rahmen aufbewahrt werden können. Sie können also nicht nur sich selbst schmücken – als Kunstobjekte setzen die Stücke auch in Ihrer Wohnung Akzente. *Frauentorstr. 1*

SOUVENIRS

Ginkgo-Shop **[U B4]**
Handbemaltes Ginkgo-Geschirr und Thüringer Bauernkeramik in den Farben Blau, Grün und Braun aus Niedergrunstedt, einem 4 km von Weimar entfernten Dorf. *Markt 6 (in der Marktpassage)*

SPEZIALITÄTEN

arko **[U B4]**
Trüffel, Schokotaler, Ginkgoblätter aus Marzipan und vieles mehr in großer Auswahl. Wenn Sie um die Ecke in den zweiten Laden des Unternehmens gehen, finden Sie eine große Weinauswahl, auch aus der nahen Saale-Unstrut-Region. *Schillergasse 1 und Frauentorstr. 2*

Frischkost Hauffe **[U B4]**
★ Über 700 verschiedene Weine aus aller Welt (davon 14 vom Fass und etwa 120 offene), 150 verschiedene Käse- und Wurstsorten sowie 18 Olivenarten, die selbst eingelegt werden. *Kaufstr. 9–11*

Öko-Bauernmarkt **[U A3]**
Thüringer Naturkost von Ökohöfen, auch Thüringer Kartoffelklöße und -puffer oder Rote-Beete-Saft fehlen nicht. *Rollplatz 4*

MARCO POLO Highlights »Einkaufen«

★ **Wochenmarkt**
Zwiebelzöpfe, Kunsthandwerk und die berühmten Rostbratwürste (Seite 58)

★ **Frischkost Hauffe**
Hunderte von Weinen aus aller Welt und andere Spezialitäten (Seite 59)

Hotels für jeden Anspruch

Von der Suite im legendären Hotel Elephant bis zur Jugendherberge reicht das Bettenangebot

Figurengeschmückter Balkon am Hotel Elephant

Alle Hotels und Pensionen in Weimar wurden in den letzten Jahren völlig modernisiert. Die Hotellerie der Stadt ist eine der modernsten in Deutschland. Namhafte Ketten wie Hilton und Dorint errichteten nach der Wiedervereinigung Deutschlands Neubauten. Etwa 40 Hotels und Pensionen bieten rund 3200 Betten an. Dazu kommen noch ca. 250 Betten, bereitgehalten von etwa 100 Privatvermietern. 10 Prozent hiervon befinden sich im Stadtzentrum, 60 Prozent in einer Entfernung von 10 Minuten Fußweg zum Zentrum, die übrigen 30 Prozent liegen am Stadtrand, sind aber alle mit öffentlichen Verkehrsmitteln erreichbar. Hotelzimmer und private Zimmer werden durch die Tourist-Information vermittelt. Die Klassikerstadt bietet für jeden Anspruch und Geldbeutel etwas. Für junge Leute gibt es vier Jugendherbergen. Autofahrer führt das grün-weiße Hotelleitsystem zur gewünschten Unterkunft.

Eines der Weimarer Hotels brachte es sogar zu internationalem Ruhm. Durch Thomas Mann hielt der »Elephant« Einzug in die Weltliteratur. In seinem im US-Exil geschriebenen Roman »Lotte in Weimar« machte Mann das traditionsreiche Haus am Markt zum Schauplatz. Er schildert, wie Charlotte Kestner nach Weimar kommt, um nach Jahrzehnten Goethe noch einmal zu sehen. Der Dichter, so ist zu lesen, »kam bestimmten und kurzen, etwas abgehackten Schrittes herein, die Schultern zurückgenommen, den Unterleib etwas vorgeschoben, im zweireihig geknöpften Frack und seidenen Strümpfen ...« Der gleichnamige Film mit Lilli Palmer in der Haupt-

Im oberen Segment: Dachzimmer in Wolff's Art Hotel

Zimmer 100

In der Udo-Lindenberg-Suite hängt die Schalmei des Künstlers

Wenn Udo Lindenberg nach Weimar kommt, nächtigt er im Hotel Elephant im Zimmer 100. Prominente haben sich bislang stets hier einquartiert, u. a. Franz Grillparzer, Leo Tolstoi, Friedrich Hebbel, Richard Wagner. Und Adolf Hitler. Dem jedoch sagte das Hotel nicht zu, es war ihm zu klein. Er ließ es deshalb 1937 abreißen und neu aufbauen. Wenn der braune Diktator nach Weimar kam, wohnte er in der Suite 100. Übertünchen mochte man im »Elephant« diesen unrühmlichen Teil der Geschichte nicht, aber wie damit umgehen? Der Hoteldirektor beriet sich u. a. mit dem Leiter der KZ-Gedenkstätte Buchenwald. Das Ergebnis: Die Suite 100 gibt es heute noch, sie wurde entmystifiziert und heißt jetzt Udo-Lindenberg-Suite. An der Wand hängt in einer Glasvitrine die Schalmei, die der Künstler dem DDR-Partei-und Staatschef Erich Honecker 1982 geschenkt hat.

rolle, zu DDR-Zeiten am Originalschauplatz gedreht, war in vielen Ländern zu sehen.

Der »Elephant« ist Weimars allererste Adresse. Berühmt ist aber auch das Hotel Russischer Hof am Goetheplatz. Jahrzehntelang war es der gesellschaftliche Mittelpunkt Weimars. Franz Liszt gründete hier 1854 den »Neu-Weimar-Verein«, der das Kulturleben Weimars unterstützte. Stammgäste des Hauses waren August Heinrich Hoffmann von Fallersleben, Clara und Robert Schumann, Richard Wagner und Theodor Storm. Zu den prominenten Gästen der jüngsten Vergangenheit gehört Michail Gorbatschow.

HOTELS €€€

Wolff's Art Hotel **[102 B6]**
29 mit Bauhaus-Möbeln ausgestattete Zimmer und Suiten in zwei Villen in der Nähe des Parks an der Ilm. *Freiherr-vom-Stein-Allee 3a, Tel. 540 60, Fax 54 06 99*

Romantik Hotel Dorotheenhof Weimar **[0]**
★ In dem idyllisch gelegenen Hotel fühlt man sich bei der Hoteliersfamilie Barleben wie bei guten Freunden. *Dorotheenhof 1 (im Ortsteil Schöndorf), Tel. 45 90, Fax 45 92 00*

HOTELS €€

Alt Weimar **[102 B5]**
★ Die 17 Zimmer in dem klassizistischen Haus sind im Bauhausstil eingerichtet. *Prellerstr. 2, Tel. 861 90, Fax 86 19 10*

Amalienhof **[U A5]**
Das Hotel garni nahe dem Goethehaus verfügt über 31 behagliche Zimmer. *Amalienstr. 2, Tel. 54 90, Fax 54 91 10*

Anna Amalia [U A3]
Das Hotel garni mit 50 modern und komfortabel eingerichteten Zimmern öffnete 2002 in der Ideallage zwischen Goethe- und Herderplatz. *Geleitstr. 8–12, Tel. 495 60, Fax 49 56 99*

Fürstenhof [U A6]
17 gemütlich eingerichtete Zimmer in zentraler Lage. *Rudolf-Breitscheid-Str. 2, Tel. 83 32 31, Fax 83 32 32*

Intercityhotel Weimar [102 B3]
Das Hotel neben dem Hauptbahnhof bietet zeitgemäßen Komfort. Der Zimmerausweis berechtigt zur kostenlosen Fahrt mit den Bussen der Stadtlinien. *134 Zi., Carl-August-Allee 17, Tel. 23 40, Fax 23 44 44*

Treff Hotel [O]
Neubau im 1 km von der A 4 entfernten Stadtteil Legefeld. 600 m^2 großer Topfit-Club mit Schwimmbad, Sauna und Dampfbad. *194 Zi., Kastanienallee 1, Tel. 80 30, Fax 80 35 01*

HOTELS €

Am Kirschberg [U C1]
Familiengeführte Pension an der Ilm und am Stadtwald in ruhiger Lage mit 7 modern-gemütlich eingerichteten Zimmern. *Am Kirschberg 27, Tel. 87 19 10, Fax 871 91 16*

Am Stadtpark [U A6]
Familiengeführtes Hotel in zentraler Lage. *12 Zi., Amalienstr. 19, Tel. 248 30, Fax 51 17 20*

Comfort Hotel Weimar [O]
Aus dem Ibis Hotel im Norden Weimars wurde im Juli 2002 das Comfort Hotel, das auch unter neuem Namen das günstige Preis-Leistungs-Verhältnis beibehalten hat. *91 Zi., Ernst-Busse-Str. 4, Tel. 45 50, Fax 45 58 88*

Das Kleine Hotel [102 A5]
Familiär geführtes Hotel garni in einer ruhigen Seitenstraße. *14 Zi., Jahnstr. 18, Tel. 835 30, Fax 83 53 53*

MARCO POLO Highlights »Übernachten«

★ **Dorotheenhof Weimar**
Romantik Hotel in ruhiger Lage (Seite 62)

★ **Alt Weimar**
Im Bauhausstil eingerichtete Zimmer (Seite 62)

★ **Etap**
Zweckmäßige Ausstattung und äußerst preiswert (Seite 64)

★ **Faust**
Helle Zimmer in idealer Zentrumslage bietet dieses kleine Hotel (Seite 64)

★ **Elephant**
Wer Thomas Manns Roman »Lotte in Weimar« gelesen hat, dem ist dieses Hotel ein Begriff (Seite 64)

Weimarer Luxushotels

Dorint am Goethepark **[U B5]**
Ein Hotel mit viel Kunst zwischen Goethehaus und Ilmpark. Extrakomfort des Hauses: eine Badelandschaft mit Whirlpool, Grottenduschen und ein Fitnessraum. Doppelzimmer ab 159 Euro. *143 Zi., Beethovenplatz 1/2, Tel. 87 20, Fax 87 21 00*

Elephant **[U B4]**
★ Ein Hotel, das Geschichte atmet. Damals wie heute quartiert sich hier ein, wer Rang und Namen hat. Von hier aus sind fast alle Sehenswürdigkeiten Weimars zu Fuß bequem zu erreichen. Doppelzimmer ab 205 Euro. *102 Zi., Markt 19, Tel. 80 20, Fax 80 26 10*

Grand Hotel Russischer Hof **[U A3]**
Repräsentatives Haus in der historischen Altstadt. Hervorragender Service, 126 stilvoll-klassische Zimmer und luxuriöse Suiten sowie kleiner Wellnessbereich mit Sauna. Doppelzimmer ab 168 Euro. *Goetheplatz 2, Tel. 77 40, Fax 77 48 40*

Hilton Weimar **[104 A2]**
Der Name der Kette bürgt für Qualität. In bemerkenswerter Lage gegenüber dem Ilmpark. Sauna, Schwimmbad und Whirlpool gehören zu den Annehmlichkeiten. Doppelzimmer ab 130 Euro. *294 Zi., Belvederer Allee 25, Tel. 72 20, Fax 72 27 41*

Etap **[O]**
★ Preiswerter können Sie in Weimar und Umgebung in keinem anderen Hotel übernachten. Alle 68 Zimmer haben Dusche/WC und TV. Die Entfernung nach Weimar beträgt nur 4 km. *Steinbrüchenstr. 5 (im Gewerbepark Uno), 99428 Nohra, Tel. 416 76, Fax 41 67 80*

Faust **[U B4]**
★ Kleine, zentral gelegene Pension mit rustikalen, farbenfroh gestalteten Räumen. *7 Zi., Burgplatz 2 (Eingang Schlossgasse), Tel./Fax 51 88 43*

Grabenschänke **[U B3]**
Kuschelige kleine Pension in der historischen Altstadt, gemütliche Atmosphäre. *6 Zi., Graben 8, Tel./Fax 90 21 07*

Herrenhaus Rittergut Weimar **[104 B2]**
Im Herrenhaus des ehemaligen Rittergutes, einer Jugendstilvilla in Oberweimar, fühlen Sie sich wie Dornröschen in ihrem Schloss. *7 Zi., Martin-Luther-Str. 8, Tel. 50 23 05, Fax 77 39 61*

Köstritzer Schwarzbierhaus **[102 B4]**
Übernachten in einem historischen Fachwerkhaus. Behaglich und individuell eingerichtete 8 Zimmer. Wer sich etwas Besonderes leisten möchte, bucht die Hochzeitssuite. *Scherfgasse 4, Tel. 77 93 37, Fax 42 30 46*

Hotel Liszt **[102 A5]**
In einer ruhigen Seitenstraße im Stadtzentrum gelegenes Hotel mit 23 Appartements in Größen von

25 bis 50 m². *Lisztstr. 1, Tel. 540 80, Fax 54 08 30*

Savina II **[102 B3]**
Zu jedem Zimmer gehört eine kleine Küche mit Kühlschrank. Das Haus verfügt über Sauna und Solarium. *14 Zi., Meyerstr. 60, Tel. 866 90, Fax 86 69 11*

Schwartze **[O]**
Familiär geführtes Hotel in ländlicher Atmosphäre vor den Toren der Stadt. *30 Zi., in Weimar-Gelmeroda, Tel. 599 50, Fax 51 26 14*

Villa Hentzel **[U B6]**
Hotel garni in einer klassizistischen Villa. *13 Zi., Bauhausstr. 12, Tel. 865 80, Fax 86 58 19*

Zur Sonne **[U A2]**
Wohnen in behaglicher Atmosphäre im Zentrum. *21 Zi., Rollplatz 2, Tel. 80 04 10, Fax 86 29 32*

JUGENDHERBERGEN

Für Übernachtungen ist ein gültiger Ausweis des Deutschen Jugendherbergswerkes für Junioren (bis 26 Jahre) oder Senioren (ab 27 Jahre) erforderlich.

Jugendgästehaus »Maxim Gorki« **[O]**
Preiswertes Wohnen im südlichen Teil der Stadt, bei Gruppen, Familien und Einzelreisenden gleichermaßen beliebt. Kellerbar mit Diskothek. *60 Betten in vorwiegend familiengerechten Zimmern, Zum Wilden Graben 12, Tel. 85 07 50, Fax 85 07 49*

Jugendherberge Am Poseckschen Garten **[U A5]**
Denkmalgeschützte Villa in idealer Lage neben dem Historischen Friedhof. *104 Betten, Humboldtstr. 17, Tel. 85 07 92, Fax 85 07 93*

Das Grand Hotel Russischer Hof liegt in der Weimarer Altstadt

Langeweile unbekannt

Theater, Konzert, Kabarett und Kneipen – die kleine Stadt bietet für jeden etwas

Mit einer verwirrenden Fülle von Diskos, Kinos und Theater kann das kleine Weimar nicht aufwarten, doch Langeweile muss am Abend nicht aufkommen. Die Stadt hält für jeden etwas bereit, für Kulturfreunde ebenso wie für Nachtschwärmer. Vorbei sind die Zeiten, in denen man Kneipen wie die Stecknadel im Heuhaufen suchen musste – die Studenten haben wohl ihren Teil dazu beigetragen.

Prägend für das kulturelle Leben in Weimar sind seit Goethes Zeiten die Aufführungen im Deutschen Nationaltheater und die Konzerte der Staatskapelle. Der Spielplan mit etwa 600 Veranstaltungen im Jahr bietet Liebhabern von Oper, Schauspiel und Konzert ein Repertoire klassischer und zeitgenössischer Werke. Dazu kommt noch ein Tanztheater-Gastspielprogramm mit international renommierten Compagnien und Choreografen. Besonderes Flair haben Aufführungen im *E-Werk* **[U C1]**, einem im 19. Jh. errichteten Elektrizitätswerk. Im einstigen Maschinensaal mit seinen noch vorhandenen, veralteten technischen Anlagen gelangen besonders unkonventionelle Projekte auf die Bühne. Die unter Denkmalschutz stehende Viehauktionshalle (Insider Tipp) **[102 B2]** auf einem Industriegelände nordwestlich des Hauptbahnhofs wird vor allem für Tanztheater und Konzerte genutzt. Von außen wirkt das Gebäude wie eine überdimensionierte Scheune; der 70 m lange, 35 m breite und 25 m hohe Innenraum dagegen hat das Majestätische einer Kathedrale.

Kostenlos ist übrigens das Vergnügen, bei sommerlichem Wetter abends im Park an der Ilm zu flanieren oder eine der Parkbänke zu belegen. Wer allerdings denkt, er sei hier allein, der irrt. Der Park gehört zu den beliebtesten Aufenthaltsorten der Studenten.

Nachtleben mit Cocktails und spanischen Appetithappen: Loft Bar & Tapas

BARS

Belle Epoque **[U B5]**
Ausklang des Tages bei Cocktails und am Wochenende mit Livepianomusik. *Beethovenplatz 1/2 (im Dorint Hotel), Tel. 87 26 60*

Loft Bar & Tapas **[102 B3]**
Exzellente Cocktails und Drinks, spanische Spezialitäten wie Tapas und Tortillas. Tgl. 17–19.30 Uhr

Studentenklub Kasseturm, einer der beiden Weimarer Studententreffs

Happy Hour. *Carl-August-Allee 12, Tel. 77 64 37*

PlanBar [U B2]
Musik- und Cocktailbar, Bistro mit appetitlichen Kleinigkeiten, täglich Musik vom Plattenteller. *Jakobsplan 6, Tel. 50 27 85*

DISKOTHEKEN & LIVEMUSIK

Insider Tipp **SC Schützengasse** [U A4]
★ Studentenclub mit Disko, Livemusik, Kleinkunst und Vorträgen. Wer nach 22 Uhr kommt, hat oft Pech, denn dann heißt es vielfach: »Wegen Überfüllung geschlossen«. *Schützengasse 2, Tel. 90 43 23, www.schuetzengasse.de*

Studentenklub Kasseturm [U A3]
Di, Mi, Fr und Sa Disko; Mo, Di, Do gemütliche Bierrunde; Mo ist Kinotag. Wer es leise und besinnlich mag, setzt sich in die Weinstube. *Goetheplatz 9, Tel. 58 49 55, www.kasseturm.de*

KABARETT

Sinn Flut [U A1]
Aktuell-politisch-satirische Programme präsentiert das Berufskabarett in der »Tonne«, den Gewölberäumen des Neuen Museums Weimar. *Weimarplatz, Tel. 77 93 86*

KINOS

CineStar – Der Filmpalast [U A5]
Die Leinwandhits werden in sechs Sälen gezeigt. *Schützengasse 14, Tel. 47 57 67*

Kino im mon ami [U A3]
69 Sitzplätze hat das moderne Club-Kino im Kellergeschoss des Jugend- und Kulturzentrums. Hier wird tief in die Filmkiste gegriffen. *Goetheplatz 11, Tel. 84 77 45*

KNEIPEN

Schmuggler's Irish Pub **[U B1]**
Große Auswahl an Bier und Whisky, dafür nur ein kleines Speisenangebot. Musik von der Insel, ab und zu auch live. *Friedrich-Ebert-Str. 2, Tel. 51 15 93*

Zum Falken **[102 A5]**
Wer möchte, nimmt sich eines der an den Wänden hängenden Instrumente und spielt zur Unterhaltung auf. Jeden Di Livemusik. *Trierer Str. 7, Tel. 50 55 66, www.zumfalken.de*

KONZERTE

Die Staatskapelle Weimar, die 2002 ihr 400-jähriges Bestehen feierte, spielt vor allem im *Congress Centrum Neue Weimarhalle* **[U A2]**. Konzerte werden auch im *Festsaal des Fürstenhauses* **[U B4]**, dem *Liszt-Salon der Altenburg* **[U C3]**, der *Stadtkirche St. Peter und Paul* **[U B3]** und der *Albert-Schweitzer-Begegnungsstätte* **[U C3]** gegeben.

THEATER

Deutsches Nationaltheater Weimar **[U A4]**
★ Das Theater fühlt sich der großen Tradition verpflichtet, auf dem Spielplan stehen aber auch moderne Stücke. Die künstlerischen Angebote reichen vom Schauspiel über Oper, Operette, Musical und Ballett bis zu Sinfoniekonzerten. *Theaterplatz, telefonischer Kartenservice Tel. 75 53 34, Besucherservice Tel. 75 53 03, www.nationaltheater-weimar.de, Ticket-Service Tourist-Information Tel. 24 00 35*

Othello-Theater im Shakespeares **[U B4]**
Die Kleinbühne lädt zu Schauspiel, Kabarett, Tanz, Musik und Lesungen. *Windischenstr. 4–6, Tel. 90 12 85, www.shakespeares.de*

Theater im Gewölbe **[U B4]** Insider Tipp
Im so genannten Cranach-Gewölbe, in dem nur etwa 60 Zuschauer Platz finden, bietet die Thüringer Tanz-Akademie Tanz, Theater und Kleinkunst. *Markt 11, Tel. 77 73 77, www.thueringer-tanz-akademie.de*

VORTRÄGE

Kunstgespräche und Vorträge werden in großer Zahl angeboten, sie finden u. a. im *Schlossmuseum* **[U B–C3]**, in der *Stadtbücherei, Steubenstr. 1* **[U A5]**, im *Forum Seebach, Eingang Hellerweg* **[102 C4]**, im *Kirms-Krackow-Haus* **[U B3]** sowie im *Schloss Kromsdorf* **[O]** statt.

MARCO POLO Highlights »Am Abend«

★ **SC Schützengasse** Insider Tipp
Studentenclub mit tollem Programm, darunter viel Livemusik (Seite 68)

★ **Deutsches Nationaltheater**
Für alle kulturell Interessierten ein Muss (Seite 69)

Den Klassikern auf der Spur

Zahlreiche Gedenkstätten in Dörfern und Städten erinnern an die berühmten Dichter aus Weimars großer Zeit

Schwärmerisch schrieb Goethe aus Ilmenau: »Die Gegend ist herrlich, herrlich!« Und die meisten Besucher unserer Tage, die von Weimar aus in die Umgebung fahren, stimmen dem Dichterfürsten vorbehaltlos zu. Städte mit reicher Geschichte wechseln sich ab mit verträumten Dörfern. Dazwischen finden sich immer wieder Wälder mit dem Duft von Pilzen und frisch geschlagenem Holz sowie weite Ausblicke von den Höhenzügen.

Viele Orte in der Umgebung von Weimar stehen in enger Beziehung zu Goethe und Schiller. Der reisefreudige Goethe hat in seinem Leben fast 38 000 km zurückgelegt, haben kluge Leute ausgerechnet. Zu Fuß, zu Pferd und in der Kutsche durchstreifte er allein in Thüringen etwa 150 Orte. »Die beste Bildung findet ein gescheiter Mann auf Reisen«, bekannte er in »Wilhelm Meisters Lehrjahre«, denn »man reist ja nicht, um anzukommen, sondern um zu reisen ...«

Ausführliche Informationen über Thüringen finden Sie im gleichnamigen MARCO POLO Reiseführer.

Die Türme des Erfurter Doms vor abendlichem Himmel

Giebel des Stadtmuseums in Erfurt

BAD BERKA

[106 C3] Eine Kleinstadt (7800 Ew.) 12 km südlich von Weimar, die man rasch lieben lernt. Die neue Fußgängerzone und der Kurpark, auf Goethes Anregung hin angelegt, gehören zu den Kleinoden von Bad Berka. Der Markt mit dem Rathaus bekam sein klassizistisches Aussehen nach dem großen Stadtbrand 1814. An die mehr als 30 einst vorhandenen Sandsteinbrüche erinnern viele kleine Kunstwerke aus diesem Material, die Hauseingänge und Grabdenkmäler schmücken.

Seit 1911 darf sich Berka offiziell Bad nennen. In einfachen Holzhütten, den so genannten Waldschlafstätten, lagen die Tuberkulosepatienten Tag und Nacht, um die würzige Luft der Wälder einzuatmen. Die gute Luft ist noch immer vorhanden, doch die Holzhütten sind schon lange verschwunden. Als Unterkunft dienen heute moderne Sanatorien und Hotels. Seit die Tuberkulose als Volkskrankheit besiegt wurde, werden in Bad Berka Herz-Kreislauf- und Stoffwechselkrankheiten behandelt.

Mehrere Rundwanderwege – die meisten beginnen am Goethebrunnen – führen in die zauberhafte Umgebung, einer von ihnen auch auf den 26 m hohen Adelsberg mit dem Paulinenturm.

MUSEUM

Goethe- und Heimatmuseum
Im Alten Kurhaus, das in Goethes Anwesenheit 1825 als »Bade- und Gesellschaftshaus« eröffnet wurde, erfährt man Wissenswertes über den Dichterfürsten und die Entwicklung von Bad Berka. *Mo–Fr 10–12, 14–17 Uhr, Sa, So 14 bis 17 Uhr, Parkstraße*

ESSEN & TRINKEN ÜBERNACHTEN

Am Goethebrunnen
11 behaglich eingerichtete Zimmer, ruhig im Kurpark gelegen. Das Restaurant serviert regionale und internationale Küche, und auch Insider Tipp Weine aus den ostdeutschen Regionen Meißen und Saale-Unstrut stehen auf der Karte. *Goetheallee 1, Tel. 036458/57 10, Fax 571 12, €€*

Hubertushof
Neubau mit Solarium und Sauna in zentraler Lage. Stilvolles Restaurant mit umfangreicher Karte, die saisonalen Angebote wechseln wöchentlich. Große Auswahl an Saale-Unstrut-Weinen. *30 Zi., Tannrodaer Str. 3, Tel. 036458/350, Fax 351 50, €€*

AUSKUNFT

Kurverwaltung
Goetheallee 3, 99438 Bad Berka, Tel. 036458/194 33, Fax 579 99, info@bad-berka.de, www.bad-berka.de

DORNBURG

[107 F2] ★ Eine steile Straße führt vom Saaletal hoch hinauf nach Dornburg (1000 Ew.). Welcher andere Ort dieser Größenordnung kann gleich drei dicht beieinander stehende Schlösser vorweisen? Auf der Felswand vereinen sich im stimmungsvollen Dreiklang Mittelalter, Barock und Renaissance. Goethe war zwischen 1776 und 1828 zwanzig Mal in Dornburg. Das Renaissanceschloss und das Rokokoschloss werden als Museen genutzt. Das dritte, das Alte Schloss, das sein heutiges Aussehen im 15./16. Jh. erhielt, kann nur von außen betrachtet werden. Nach Dornburg sind es von Weimar knapp 40 km.

SEHENSWERTES

Schlossgärten
Die Gärten des Renaissance- und des Rokokoschlosses haben wieder ihr Aussehen wie zur Zeit Goethes, lediglich das nördlich des Rokokoschlosses gelegene, barockisierende Gartenparterre stammt aus der Mitte des 20. Jhs. Phantastisch ist der

Blick von der Schlossterrasse ins Saaletal. *Tgl. von 9 Uhr bis zum Einbruch der Dunkelheit*

MUSEEN

Renaissanceschloss
In diesem Schloss verbrachte Goethe von Juli bis September 1828 seinen längsten Dornburger Aufenthalt. Er wohnte in der Bergstube und den angrenzenden Räumen, die original erhalten sind. Sein heutiges Erscheinungsbild wurde dem aus dem 16. Jh. stammenden Bauwerk im 19. Jh. verliehen. *April bis Okt. Mi–So 9–18 Uhr, Nov.–März Mi–So 10–16 Uhr*

Rokokoschloss
Das Schloss, in dem Goethe unter anderem an den Dramen »Egmont« und »Iphigenie« arbeitete, hatte sich der Weimarer Herzog Ernst August im 15. Jh. als Sommersitz errichten lassen. Der Bau bleibt wegen umfangreicher Sanierung bis Ende 2004 geschlossen. Danach werden die Schlossräume wieder ein Bild der adeligen Wohnkultur im 18. Jh. vermitteln.

ESSEN & TRINKEN ÜBERNACHTEN

Schlossberg
Im Renaissanceschloss gibt es 6 preiswerte Zimmer mit Dusche/ WC (Etage), im Café im Erdgeschoss werden Kaffee, Kuchen und bürgerliche Küche serviert. *Tel./ Fax 036427/704 19, €*

Insider Tipp

Schlosscafé
Direkt am Eingang zu den Parkanlagen der Schlösser liegt das Café mit 4 Zimmern, gemütlichem Gastraum und großem Biergarten. *Tel. 036427/704 63, Fax 704 64, €*

ERFURT

[106 B2] Das 20 km westlich gelegene Erfurt (205 000 Ew.) war im 14. Jh. eine der größten und reichsten Städte Deutschlands, weshalb es noch heute viele bedeutende Bauwerke besitzt. »Größtes deutsches städtebauliches Flächendenkmal« darf sich die Landeshauptstadt des Freistaates Thüringen nennen. Es gibt viel zu sehen: das monu-

MARCO POLO Highlights »Weimars Umgebung«

★ **Dornburg**
Drei Schlösser hoch über dem Saaletal (Seite 72)

★ **Schloss Kochberg**
Erinnerungen an Goethe und seine Vertraute Charlotte von Stein (Seite 76)

★ **Ega Cyriaksburg**
Attraktives Ausstellungs-, Kultur- und Freizeitzentrum in Erfurt (Seite 74)

★ **Zeiss-Planetarium**
Modernste Technik im ältesten Planetarium der Welt (Seite 79)

Aufstieg auf den Aussichtsturm der Ega Cyriaksburg

mentale Ensemble von Dom und Severikirche, reiche Patrizierhäuser, schöne Fachwerkbauten und viele weitere Kirchen. An Goethe und Schiller erinnert beispielsweise das Dacherödensche Haus, Anger 37/38, in dem beide oft zu Gast waren. Luther hat an der damals berühmten Universität von 1501 bis 1505 Theologie und Rechtswissenschaft studiert. Denkmalgeschützte Straßenzüge und Bauwerke sind an Insider Tipp roten Straßenschildern und Hausnummern zu erkennen.

SEHENSWERTES

Augustinerkloster
Martin Luther trat 1505 als Mönch in das Kloster ein. Die Zelle, in der der Reformator gelebt haben soll, ist zu besichtigen. Eine Ausstellung informiert über Luthers Aufenthalt 1505–11. Ein Teil des Klosters wird bis 2005 zu einer modernen Tagungs- und Begegnungsstätte ausgebaut. *Führungen April–Okt. Di–Sa 10, 11, 12, 14, 15, 16 Uhr, Nov. bis März Di–Sa 10, 11, 12, 14 Uhr, So 10.45 Uhr, Augustinerstr. 10*

Domberg
Beeindruckendes, aus Dom und Severikirche bestehendes Architekturensemble, zu dem vom Domplatz eine Freitreppe mit 70 Stufen führt. Die im Dom hängende Glocke Gloriosa aus dem 15. Jh. gehört zu den größten frei schwingenden Glocken der Welt. Etwa zwanzig Mal im Jahr wird sie zu besonderen Anlässen geläutet.

Ega Cyriaksburg
★ Attraktives Ausstellungs-, Kultur- und Freizeitzentrum. Beeindruckend ist das 6000 m² große Blumenbeet mit einer phantasiereichen ornamentalen Gestaltung. Die Ega, einer der schönsten Parks in Deutschland, hält den Ruf Erfurts als einstiger Blumenstadt von inter-

nationaler Bedeutung wach. Kinder finden in der Anlage den größten und wohl schönsten Kinderspielplatz Thüringens mit einem Bauernhof mit zahlreichen Haustieren, Nutriagehege und Bootscooter. Den Insider Tipp Blick auf die Stadt vom alten Geschützturm sollten Sie sich nicht entgehen lassen. *Tgl. 9–18 Uhr, Gothaer Str. 38*

Krämerbrücke
Das Pendant zur berühmten Ponte Vecchio von Florenz schwingt sich über die Gera. 32 Fachwerkhäuser säumen die 125 m lange und 19 m breite Brücke, die einzige ihrer Art nördlich der Alpen.

Zitadelle Petersberg
Das Musterbeispiel europäischer Festungsbaukunst des 17.–19. Jhs. steht auf dem Petersberg. Die Zitadelle ist die einzige noch in großen Teilen erhaltene barocke Stadtbefestigung Mitteleuropas.

MUSEEN

Angermuseum
Mittelalterliche Kunst aus Erfurt und Thüringen. Beeindruckend sind der Fayencesaal und der Rokokofestsaal aus der Zeit um 1760. *Di–So 10–18 Uhr, Am Anger 18*

Museum für Thüringer Volkskunde
Viel Interessantes über die ländliche Arbeitswelt und bäuerliche Wohnkultur des 18. und 19. Jhs. *Di–So 10–18 Uhr, Juri-Gagarin-Ring 140a*

Museum Neue Mühle
Die letzte originale und funktionstüchtige Wassermühle Erfurts, in der Getreide und Futterschrot verarbeitet wurden. *Di–So 10 bis 18 Uhr, Schlösserstr. 25a*

ESSEN & TRINKEN

Albot's Restaurant
Sitzbänke und Kachelofen. Zubereitet wird feine, üppige Küche. *So und Mo geschl., Futterstr. 15/16 (im Kaisersaal), Tel. 0361/568 82 07,* €€

Schildchen
Am Ufer der Gera gelegen. Es werden regionale Gerichte serviert. *So geschl., Schildgasse 3–4, Tel. 0361/540 22 90,* €€

Zum Augustiner
Eine urgemütliche Gaststätte mit Holztischen und stimmungsvoller Beleuchtung. *Tgl., Michaelisstr. 32, Tel. 0361/562 38 30,* €

ÜBERNACHTEN

Jugendherberge
Im südlichen Stadtteil nahe dem Ega-Gelände. *201 Betten, Hochheimer Str. 12, Tel. 0361/562 67 05, Fax 562 67 06,* €

Sorat Hotel Erfurt
Feines Hotel bei der Krämerbrücke. Die Möbel für die 85 Zimmer wurden von dem Franzosen Didier Gomez eigens für das Hotel entworfen. *Gotthardstr. 27, Tel. 0361/674 00, Fax 674 04 44,* €€€

AUSKUNFT

Tourist Information
Benediktsplatz 1, 99084 Erfurt, Tel. 0361/664 00, Fax 664 02 90, info@erfurt-tourist-info.de, www.erfurt-tourist-info.de

GROSSKOCHBERG

[107 D5] Den in eine Talmulde eingebetteten Ort 30 km südlich von Weimar schmücken hübsche Fachwerkhäuser. Doch Großkochberg würde kaum jemand kennen, gäbe es hier nicht ein Schloss, das durch Goethe bekannt wurde. Schlossherrin war Charlotte von Stein, die langjährige Vertraute Goethes. Wissenschaftler haben etwa 1700 Briefe erfasst, die der Dichter an die sieben Jahre ältere Frau schrieb. Goethe ist von Weimar oft zu Fuß nach Großkochberg gelaufen. »... ich habe mich gestern herausgeflüchtet, bin um halb sechs zu Fuß von Weimar abmarschiert und war um halb zehn hier«, notierte er am 12. Juli 1777. Für die 28 km lange Strecke benötigte der Dichterfürst also vier Stunden, mit dem Pferd war er zweieinhalb Stunden unterwegs.

Im Schlosspark erfreuen Blumengarten, Parkarchitektur und prachtvolle Bäume das Auge. Das Schloss war bis 1946 Eigentum der Familie von Stein, wurde dann im Rahmen der Bodenreform enteignet und ist seit 1949 Goethe-Gedenkstätte.

MUSEUM

Schloss Kochberg
★ Mit Möbeln und Kunstgegenständen aus dem Besitz Charlotte von Steins eingerichtete Räume, in denen an Goethes Besuche erinnert wird. Die ältesten Teile des mehrfach veränderten Schlosses stammen aus den Jahren um 1600. *April–Okt. Mi–So 9–18 Uhr, Nov. bis März Mi–So 10–16 Uhr, www.schloss-kochberg.de*

ÜBERNACHTEN

Schloss Kochberg
Im Hohen Haus von Schloss Kochberg stehen für Gäste 15 Zimmer bereit, die meisten mit Dusche/WC auf der Etage. *Tel. 036743/34 90, Fax 335 28, €*

AM ABEND

Liebhabertheater
Zum Schlossensemble gehört dieses kleine Liebhabertheater, das Carl von Stein, der älteste Sohn Charlotte von Steins, Ende des 18. Jhs. errichten ließ. Es finden regelmäßig Aufführungen statt. *Vorverkauf und Tageskasse: Museumskasse Schloss Kochberg, Tel./Fax 036743/225 32*

ILMENAU

[106 A6] »Anmutig Tal, du immergrüner Hain«, so hat Goethe 1783 die Lage des Städtchens 50 km südwestlich von Weimar beschrieben. Daran hat sich nichts geändert, denn der Thüringer Wald schiebt sich noch immer bis an die Grenzen Ilmenaus (31 000 Ew.) heran. Allerdings geht es heute in der Stadt lebhafter zu als zu Goethes Zeiten – dafür sorgen die etwa 8000 Studenten der Technischen Universität.

Im Auftrag der herzoglichen weimarischen Regierung kam Goethe 1776 zum ersten Mal nach Ilmenau. Insgesamt weilte er achtundzwanzig Mal in der heutigen Universitätsstadt, um vor allem den Bergbau wieder zu beleben. In diesen Jahren entstand am Markt das Rathaus. Der achteckige Brunnen mit der Wasser speienden Henne davor plätscherte zu dieser Zeit schon seit einigen Jahren. Die für Fußgänger reservierte Marktstraße führt zur barocken Stadtkirche mit ihrem großartigen Innenraum, in den auch schon Goethe geschaut haben dürfte. Im Gespräch mit Johann Peter Eckermann resümierte Goethe am Ende seines Lebens: »Ilmenau hat mir viele Zeit, Mühe und Geld gekostet, dafür habe ich … mir eine Anschauung der Natur erworben, die ich um keinen Preis umtauschen möchte.«

In der heute Goethehäuschen genannten Jagdhütte auf dem nahen Kickelhahn entstand 1780 Goethes berühmt gewordenes Gedicht »Wanderers Nachtlied«. Die Hütte brannte 1870 ab, wurde aber originalgetreu wieder errichtet.

Brunnen am Markt in Ilmenau

MUSEEN

Goethe-Gedenkstätte im Amtshaus

Während seiner Aufenthalte in Ilmenau wohnte Goethe im südöstlichsten Zimmer im ersten Stockwerk dieses Hauses. Zu sehen ist viel Interessantes zur Geschichte der Stadt sowie zum Bergbau und zur regionalen Porzellanproduktion. *Mai–Okt tgl. 9–12, 13 bis 16.30 Uhr, Nov.–April tgl. 10–12, 13–16 Uhr, Am Markt 1*

Jagdhaus Gabelbach

Unweit von Ilmenau, am Fuß des Kickelhahns, liegt das Jagdhaus, in dem Goethe viele Male Gast war. Das Haus vermittelt Eindrücke vom geselligen Leben des Weimarer Hofes, die Jagdgewohnheiten der damaligen Zeit und Goethes Tätigkeiten im Thüringer Wald. Bei den Einrichtungsgegenständen im Fest- und Speisesaal handelt es sich fast ausschließlich um Originale. *April bis Okt. Mi–So 9–17 Uhr, Nov. bis März Mi–So 10–16 Uhr, Waldstr. 24*

ESSEN & TRINKEN

Ratskeller

Thüringische Küche, gut schmeckt der Ilmenauer Topfbraten. *So-Abend geschl., Am Markt 6, Tel. 03677/20 20 01,* €€

ÜBERNACHTEN

Berg- und Jagdhotel Gabelbach

Idyllisch im Wald nahe dem Kickelhahn gelegen und mit vielen Annehmlichkeiten ausgestattet: Hallenbad, Saunalandschaft, Bowlingcenter, Liegewiese, Restaurant, Café. *91 Zi., Waldstr. 23a, Tel. 03677/20 25 55, Fax 89 31 06,* €€

Jugendherberge

In zentraler Lage direkt im Wohngebiet. *130 Betten, Am Stollen 48, Tel. 03677/88 46 81, Fax 88 46 82, €*

AM ABEND

Abendlicher Treff ist die *Studentenkneipe »Zentrale« (August-Bebel-Str. 25).* Hier ist immer etwas los, das kulturelle Programm reicht vom Auftritt kleiner Bands bis zu Buchlesungen und Kleinkunsttheater.

AUSKUNFT

Ilmenau-Information

Lindenstr. 12, 98693 Ilmenau, Tel. 03677/194 33, Fax 20 25 02, stadtinfo@ilmenau.de, www.ilmenau.de

JENA

[107 E–F3] Weimar und das 20 km östlich gelegene Jena hießen in der klassischen Periode die »Doppelstadt«. Goethe meinte, die beiden Städte seien »im schönsten Sinne geistig vereint und könnten eins ohne das andere nicht bestehen«. Letzteres stimmt schon lange nicht mehr, doch Berührungspunkte gibt es noch: Sowohl Jena (99 000 Ew.) als auch Weimar sind Universitätsstädte, und beide haben viele Museen und Erinnerungsstätten für Goethe und Schiller vorzuweisen.

Jena entwickelte sich im 19. Jh. zur Industriestadt, der von Carl Zeiß und Ernst Abbe aufgebaute feinmechanisch-optische Betrieb erlangte Weltruhm. Die Tradition setzen heute die Carl Zeiss Jena GmbH und die Jenoptik AG fort. Das Jena des 21. Jhs. ist eine lebendige Stadt, Ort mit Tradition und modernes Forschungs- und Technologiezentrum zugleich. Und Jena ist eine junge Stadt, denn mehr als rund 20 000 Studenten leben hier.

Einen guten Ruf hat sich in Thüringen das junge, kreative Ensemble des Theaterhauses Jena erworben. Über die Landesgrenzen hinaus bekannt wurde das Sommermusikfestival Kulturarena, dessen Flair aus »der anspruchsvollen Mischung aus Top-Act und Geheimtipp, aus Vertrautheit und Fremdartigkeit« besteht, wie die Macher ihr Erfolgsrezept beschreiben. Insider Tip

SEHENSWERTES

Botanischer Garten

Mehr als 12 000 Pflanzenarten aus aller Welt gedeihen hier üppig. Bereits zu Zeiten von Goethe und

Die MARCO POLO Bitte

WWF

Marco Polo war der erste Weltreisende. Er reiste in friedlicher Absicht, verband Ost und West. Er wollte die Welt entdecken, fremde Kulturen kennen lernen, nicht zerstören. Könnte er heute für uns Reisende nicht Vorbild sein? Aufgeschlossen und friedlich sollte unsere Haltung auf Reisen sein. Dazu gehören auch Respekt vor Mensch und Tier und die Bewahrung der Umwelt.

Das Zeiss-Planetarium in Jena arbeitet mit modernster Projektionstechnik

Schiller war die Anlage bekannt. *Außenanlagen und Gewächshäuser Mai–Mitte Sept. tgl. 9–18 Uhr, Mitte Sept.–Mitte Mai bis 17 Uhr, Fürstengraben 26*

Zeiss-Planetarium

★ Weltältestes Planetarium mit modernster Projektionstechnik. Die Vorführungen dauern etwa 40 bis 50 Minuten. *Auskunft über Vorführungen Tel. 03641/88 54 88, Am Planetarium 5*

MUSEEN

Goethe-Gedenkstätte

Erinnerungen an Goethes Wirken in Jena. Das Museum befindet sich im ehemaligen Inspektorhaus des Botanischen Gartens. Goethe war angetan von der »lieblichsten Gartenwohnung« mit der »heiteren Aussicht«. *Mi–Sa 11–15 Uhr (April bis Okt. auch So), Fürstengraben 26*

Optisches Museum

Zu sehen sind eine der größten Brillensammlungen der Welt, Mikroskope, Fotoapparate und die »Historische Zeiss-Werkstatt 1866«. *Di–Fr 10–17 Uhr, Sa 13–16.30 Uhr, So 9.30–13 Uhr, Carl-Zeiss-Platz 12*

Schillers Gartenhaus

Das Gartenhaus ist die einzige erhaltene Wohnstätte Friedrich Schillers in Jena. Der Dichter lebte fast zehn Jahre in der Stadt. Im Garten ist noch der steinerne Tisch zu sehen, an dem er mit Goethe und anderen gesessen und geplaudert hat. *Di–Fr 10–12, 13–16 Uhr, Sa 11 bis 16 Uhr, Schillergässchen*

ESSEN & TRINKEN

Alt Jena Wirthaus & Weinstube

Gemütliche Wirtshausatmosphäre, mehr als 20 Fischgerichte und über 90 verschiedene Weine. *Tgl., Markt 9, Tel. 03641/44 33 66,* €

Turmrestaurant Scala

Die einen kommen wegen der feinen Küche, andere wegen der Aussicht vom 27. Stock des Intershop-Towers, doch die meisten zieht beides hierher. *Tgl., Johannisstraße, Tel. 03641/35 66 66,* €€€

ÜBERNACHTEN

Internationales Jugendgästehaus

Oberhalb der Stadt in ruhiger Lage auf dem Herrenberg. *140 Betten, Am Herrenberge 3, Tel. 03641/68 72 30, Fax 68 72 02, €*

Steigenberger Maxx

Außergewöhnlich: Wohnen im Stil der amerikanischen 30er- bis 50er-Jahre des 20. Jhs. *220 Zi., Stauffenbergstr. 59, Tel. 03641/30 00, Fax 30 08 88, €€*

AM ABEND

Studentenklub Rosenkeller

Seit Jahrzehnten der beliebteste abendliche Treff von Jenas Studenten. Jeden Di und Sa Disko, aber auch an den übrigen Tagen ist viel los. *Johannisstr. 13, Tel. 03641/93 11 91, www.rosenkeller.de*

AUSKUNFT

Tourist-Information

Johannisstr. 23, 07743 Jena, Tel. 03641/80 64 00, Fax 80 64 09, tourist-info@jena.de, www.jena.de

OSSMANNSTEDT

[107 D2] 1797 kaufte Christoph Martin Wieland in dem kleinen, 10 km nordöstlich von Weimar gelegenen Dorf das barocke Gebäudeensemble mit dem Gutspark, sein »Osmantinum«, in dem er mit seiner Familie bis 1803 wohnte. Seinem Wunsch entsprechend fand der Dichter in dem Park am Ufer der Ilm seine letzte Ruhestätte, an der Seite seiner Frau und der bei einem Besuch in Oßmannstedt verstorbenen Sophie Brentano.

Im Gutshaus befinden sich heute eine Ausstellung zu Wieland und die Europäische Jugendbegegnungsstätte. Junge Menschen aus den verschiedensten Ländern lernen sich in dem kleinen Oßmannstedt kennen, sie arbeiten künstlerisch, musizieren und vertiefen ihre deutschen Sprachkenntnisse.

MUSEUM

Wielandgut Oßmannstedt

Das Museum informiert über Wielands Leben und Schaffen auf dem Gut. Der erste Raum ist als Wohn- und Arbeitszimmer eingerichtet, im zweiten werden die wichtigsten Gäste Wielands vorgestellt, unter denen sich Goethe, Jean Paul und Heinrich von Kleist befanden. *April bis Okt. Mi–So 10–17 Uhr*

ESSEN & TRINKEN

Gasthaus Kohli

Schlichter Dorfgasthof mit deftiger, preiswerter Hausmannskost im Ortsteil Ulrichshalben. *Mo und Di geschl., Hauptstr. 8, Tel. 036462/324 12, €*

STÜTZERBACH

[106 A6] Ausgedehnte Wälder und idyllische Bergwiesen umgeben das Dorf mit den typischen schiefergedeckten Häuschen 60 km südwestlich von Weimar. Stützerbach windet sich bergauf: Vom Schlossberg reicht der Blick weit über den Ort und die grünen Wälder. Im Sommer 1776 hatte sich Goethe auf dieser Höhe niedergelassen und an Charlotte von Stein geschrieben: »Ich hab heute den ganzen Tag für Dich gezeichnet …« Die Zeichnung »Stützerbacher Grund« hat im Goethe-Museum des einstigen Glasmacherdorfes, in dem der Dichter dreizehn Mal weilte, ihren Platz gefunden.

MUSEUM

Goethe-Museum Stützerbach
Während seiner Stützerbacher Aufenthalte hat Goethe im Haus des Glashüttenbesitzers Gundelach gewohnt, das 1962 als Museum eingerichtet wurde. Das große Wohnzimmer im ersten Stock wurde so ausgestattet, wie es zu Zeiten des Dichters ausgesehen haben könnte. Das Haus beherbergt auch ein Glasmuseum, in dem Schauvorführungen stattfinden. *April–Okt. Mi–So 9–17 Uhr, Nov.–März Mi–So 10 bis 16 Uhr, Sebastian-Kneipp-Str. 18*

ESSEN & TRINKEN

Waldfrieden
Restaurant in idyllischer Waldlage am Ortsrand zwischen Kickelhahn und Rennsteig. Sie sollten unbedingt die frischen Forellen aus dem Biosphärenreservat Vessertal probieren. *Tgl., Goethestr. 13, Tel. 036784/502 94, €*

AUSKUNFT

Kurverwaltung
Bahnhofstr. 1, 98714 Stützerbach, Tel. 036784/502 11, Fax 508 90, stuetzerbach-kurort@t-online.de, www.stuetzerbach-kneippkurort.de

Eine Welt voller Spaß

Neue, moderne Bäder in Weimars Umgebung laden ein zu Spaß, Erholung und Abenteuer

Die *Avenida-Therme* in Hohenfelden (15 km von Weimar) bietet mit dem beschwimmbaren Vulkan, dem Whirlpool im Leuchtturm und dem Rutschenpark eine Welt voller Spaß *(www.avenida-therme.de).* In Bad Sulza (25 km von Weimar) baden die Gäste in dem supermodernen Badetempel *Toskana Therme* nicht nur im Wasser, sondern auch in Musik und Licht. Mit »Liquid Sound« (flüssiger Klang) wird diese pure Entspannung fachlich bezeichnet. Die körperwarme Thermalsole erlaubt ein schwereloses Schweben *(www.liquid-sound.com).* Das Freizeit- und Erlebnisbad *Saalemaxx* in Rudolstadt (35 km von Weimar) hat ein Wellenbecken mit Strömungskanal und einen großen Saunabereich *(www.saalemaxx.de),* das Spaßbad *GalaxSea* in Jena (20 km entfernt) ein Wellenbecken mit Wasserfall *(www.GalaxSea-Jena.de).* Ein wunderschön ausgestattetes, von Mai bis September geöffnetes *Sport- und Freizeitbad* besitzt Ilmenau (50 km von Weimar). Auch bei kühlem Wetter beträgt die Wassertemperatur mindestens 24 Grad *(www.ilmenau.de).*

Große und kleine Entdeckungen

Die Spaziergänge sind in der Karte auf dem hinteren Umschlag und im Cityatlas ab Seite 102 grün markiert

1 DURCH DEN PARK AN DER ILM

Am Rand der Altstadt, von der Ilm durchflossen, erstreckt sich ein englischer Landschaftspark, der sich seit Goethes Zeiten kaum verändert hat. Park an der Ilm heißt er offiziell, doch da Goethe in den Anfangsjahren an der Gestaltung mitwirkte, nennen die Weimarer dieses landschaftliche Kleinod Goethepark. Die 0,6 km^2 große Anlage beginnt bei der Kegelbrücke und endet bei der Schaukelbrücke. Der Spaziergang dauert etwa zwei Stunden.

Der Spaziergang beginnt bei der Kegelbrücke und führt vorbei an der Rückseite des Schlosses, das eines der markantesten Bauwerke Weimars ist. Über die *Sternbrücke* (1653–58) geht es zum östlichen Ilmufer, wo Sie linker Hand die künstliche *Sphinxgrotte* (1784–86) mit der *Sprudel-* und der nahen *Läutraquelle* erreichen. Der Corona-Schröter-Weg führt zu einem Bauwerk, das seit 1996 im Park steht und wie ein Fremdkörper wirkt: Das mobile Theaterhaus *Kubus* ist ein 17 mal 17 mal 17 m großes Ungetüm, in dem 340 Zuschauer Platz finden.

Die russisch-orthodoxe Kapelle auf dem Historischen Friedhof

Goethes Gartenhaus (S. 41) ist das nächste Ziel. Im Garten, der sich wieder wie zu Goethes Zeiten zeigt, steht am westlichen Ende der »Stein des Glücks«, der in Miniaturausgabe in den Souvenirgeschäften Weimars angeboten wird. »Hab ein liebes Gärtgen vorm Tore an der Ilm schönen Wiesen«, notierte der Dichter 1776 stolz über seine Neuerwerbung, die sechs Jahre lang sein Zuhause war. Zu dieser Zeit war das Ilmufer noch eine Art Wildnis. Christoph Martin Wieland meinte, ohne eine Abteilung Artillerie, die eine Schneise in die Hecken und Sträucher schießen müsse, könne man nicht zu Goethe gelangen. Aber bereits 1778 schrieb der Dichter: »In meinem Tal wird's immer schöner.«

Insider Tipp

Der Park an der Ilm entstand nicht nach einem langfristigen Plan, sondern nach und nach, entsprechend den sich bietenden Möglichkeiten und vorhandenen Ideen. 1828, im Todesjahr Herzog Carl Augusts, war die Gestaltung weit-

Ruine des Tempelherrenhauses im Park an der Ilm

gehend abgeschlossen. Ergänzungen nahm der geniale Gartengestalter Hermann Fürst von Pückler-Muskau noch bis 1850 vor.

Von Goethes Gartenhaus sind es nur wenige Schritte bis zum *Pogwischhaus,* benannt nach Ottilie von Pogwisch (1796–1872), Goethes Schwiegertochter. Mitte des 19. Jhs. lebte Goethes Enkel Walther (1818–85) einige Jahre in dem Haus. Der Corona-Schröter-Weg führt weiter zur *Schaukelbrücke* (1833) am Parkende, einer 14 m langen, freitragenden Hängebrücke über die Ilm, die ihren Namen zu Recht trägt. Zurück laufen Sie am besten auf dem der Stadt zugewandten Parkteil, der die meisten Sehenswürdigkeiten bietet.

Durch den Park winden sich wiesen- und sträucherumsäumte Wege, die an malerischen Baumgruppen vorbeiführen. Die Ilm schlängelt sich fast noch im natürlichen Lauf durch die Landschaft. Besonders schöne Blicke auf die Ilm bieten sich vom *Löwenkämpferportal.* Das Portal markiert einen der Zugänge zu Lagerkellern, die Ende des 18. Jhs. in den Kalk unter dem Ilmpark getrieben wurden. Die romanischen Säulen stammen von der Klosterruine Thalbürgel, das Relief des Löwenkämpfers (1817/18) fertigte Johann Peter Kaufmann an. Das 1791–97 entstandene *Römische Haus (S. 44)* ganz in der Nähe weist strenge, antikisierende Formen auf. Den Hang hinauf geht es zum *Dessauer Stein,* einem 5 m hohen Naturmonument nahe der Ilm, das Carl August 1782 für den Fürsten von Anhalt-Dessau errichten ließ, da dessen berühmter Wörlitzer Park zahlreiche Anregungen für den Park an der Ilm lieferte. Fünf Jahre später wurde die Inschrift »Francisco Dessavivae Principi« angebracht. Die *Sándor-Petöfi-Gedenkbüste* (1976) wurde zu Ehren des ungarischen Nationaldichters aufgestellt, der Goethe sehr verehrt hatte. Unweit davon steht das *Franz-Liszt-Denkmal (S. 28).* In der Nähe wurde nach dem Zweiten Weltkrieg der *Sowjetische Ehrenfriedhof* angelegt. Hier fanden 650 Soldaten und Offiziere ihre letzte Ruhestätte, die letzten Beisetzungen fanden 1955 statt.

Weiter geht es zum *Tempelherrenhaus* (1821–23), das aus einem Gewächshaus entstand und dem Hof für sommerliche Vergnügungen diente. Im 20. Jh. nutzte es das Bauhaus als Maleratelier, aber auch Vorträge fanden hier statt. Bomben zerstörten das Gebäude in den letzten Tagen des Zweiten Weltkriegs, nur der 1818 angebaute Turm, dessen Entwurf von Goethe stammt, blieb stehen. Der Weg nach unten ins Tal führt zur künstlichen *Ruine*, die 1784 aus einer alten Schießmauer hervorging. Der Innenraum diente der Hofgesellschaft oft als Picknickplatz. Daneben steht das aus Marmor gearbeitete *Shakespeare-Denkmal (S. 28)* von 1904. Wenige Schritte sind es den Hang hinunter bis zum schlichten *Borkenhäuschen*, einem kleinen, hölzernen Bauwerk, das völlig mit Baumrinde umkleidet ist. Goethe hatte sich das Bauwerk 1778 am Geburtstag der Herzogin Luise als Einsiedelei ausgedacht und ließ es an dieser Stelle errichten. Der jetzige Bau ist nicht mehr das Original, er wurde mehrfach verändert und umgebaut.

Wer etwas zurückläuft, kommt zum *Schlangenstein* (1787) mit der Aufschrift »Genio huius loci« (dem Schutzgeist dieses Ortes), den Gottlieb Martin Klauer nach antikem Vorbild geschaffen hat. An dieser Stelle, zwischen dem westlichen Parkeingang am *Liszt-Haus (S. 42)* an der Belvederer Allee und der Straße »Am Horn« im Osten, erreicht der 2 km lange Park mit 500 m seine größte Breite. Der Herzog ließ das Gartenkunstwerk nicht von Mauern und Zäunen umgeben, der Park war und ist für jedermann zugänglich. In nördlicher Richtung erreichen Sie das *Felsentor* (1778), im Volksmund Nadelöhr genannt, und den *Felsenbrunnen* (1817/18). Beide sind Schöpfungen Goethes. Die an dieser Stelle über die Ilm führende *Floß-* oder *Naturbrücke* gab es schon vor 1799. Auf dem weiteren Spaziergang ist das im Goethe-Jahr 1949 aufgestellte *Puschkin-Denkmal* zu sehen. Der russische Nationaldichter war ein glühender Verehrer Goethes, besonders den Faust mochte er, den er eine »Ilias des modernen Lebens« nannte. Danach folgt die Rückseite der *Herzogin Anna Amalia Bibliothek (S. 23)*. Das ehemalige herzogliche *Reithaus* (18. Jh., 1803 umgebaut) wurde in Vorbereitung des Kulturstadtjahres restauriert und gehört zur Europäischen Jugendbildungs- und -begegnungsstätte.

Beim Schloss steht das *Louis-Fürnberg-Denkmal* (1961), eine Bronzebüste des jüdischen Lyrikers und Erzählers, die der Prager Bildhauer Martin Reiner geschaffen hat. Der von den Nazis verfolgte Fürnberg (1909–57) war der erste Botschaftsrat der Tschechoslowakei in der DDR, in die er 1954 übersiedelte. In Weimar war er bis zu seinem Tod stellvertretender Direktor der Nationalen Forschungs- und Gedenkstätten, der späteren Stiftung Weimarer Klassik.

2 AUF DEM HISTORISCHEN FRIEDHOF

Genau genommen führt der Spaziergang durch den »Neuen Friedhof vor dem Frauentor«, wie er 1818 bei der Eröffnung genannt wurde. Nach und nach wurde er zum Hauptfriedhof Weimars erweitert, der älteste Teil jedoch wird bis heute »Historischer Friedhof« genannt. Er gehört zu den geschichtlich bedeutendsten und zu-

gleich schönsten deutschen Begräbnisstätten. Der Spaziergang vom Markt über den Historischen Friedhof und wieder zurück dauert etwa anderthalb Stunden. Wer auch in die Fürstengruft und in die Kapelle schaut, sollte etwa zwei Stunden einplanen. Öffnungszeiten des Friedhofs: März–Sept. 8–21 Uhr, Okt.–Feb. 8–18 Uhr

Vom Markt aus führt der Weg am Goethehaus vorbei zum Wielandplatz, von dort die Amalienstraße entlang zum Haupteingang des Friedhofs am Poseckschen Garten. Dort, linker Hand, steht ein neoromanisches Bauwerk, das 1878/79 als Begräbnishalle erbaut wurde, 1921 jedoch zur *Gedächtnishalle* für die Toten des Ersten Weltkriegs umgestaltet wurde. Bei der Halle, rechter Hand am Hauptweg, liegt das Grab des Schriftstellers Christian August Vulpius (1762 bis 1827), des Bruders von Goethes Ehefrau Christiane. Goethe schätzte seinen Schwager als Übersetzer und Bibliothekar an der Herzoglichen Bibliothek.

An der rechten Friedhofsmauer befindet sich die *Grabstätte der Familie von Stein.* Das Marmormedaillon für Charlotte von Stein (1742–1827) fertigte Adolf von Donndorf nach einer eigenen Zeichnung der Verstorbenen an. Die standesbewusste, kluge Frau war viele Jahre Goethes Vertraute. Wenige Schritte entfernt liegt das Grab von Oberbaudirektor Clemens Wenzeslaus Coudray (1775 bis 1845), der 1828 über seine Beziehung zu dem Dichterfürsten sagte: »Goethes Wohlwollen, ich darf sagen, Freundschaft, beglückte mich …«

Coudray hat neben vielen anderen Gebäuden in Weimar auch die *Fürstengruft* geschaffen, zu der die schnurgerade Lindenallee führt. In dem schlichten klassizistischen Mausoleum führt eine schmale

Die Lindenallee auf dem Historischen Friedhof führt zur Fürstengruft

Steintreppe von der kuppelgewölbten Weihehalle in das von vier Pfeilern getragene Gewölbe. Neben den Särgen von Goethe und Schiller stehen hier weitere 36 Särge von Angehörigen des Weimarer Herzogshauses. Ursprünglich war für Goethe und Schiller ein besonderes Mausoleum in der Nähe der Fürstengruft vorgesehen, doch Carl August lehnte es mit der Begründung ab, er wolle auch im Tode mit den beiden großen Dichtern vereint sein. Anlässlich der Schiller-Feiern 1955 hatten die DDR-Kulturpolitiker den schlichten Eichensärgen von Goethe und Schiller einen herausragenden Platz eingeräumt, die Särge der Fürsten hingegen in den Hintergrund gerückt und die Begräbnisstätte in »Goethe-Schiller-Gruft« umbenannt. Heute ist alles wieder wie einst gestaltet, im Vordergrund steht der Sarkophag von Goethes Freund Carl August (1757–1862), Großherzog von Sachsen-Weimar-Eisenach.

Ein Durchbruch verbindet die Fürstengruft mit der 1859–62 angebauten *russisch-orthodoxen Kapelle,* in der wunschgemäß Maria Pawlowna in heimatlicher Erde ruht. Die Tochter des russischen Zaren Paul I. war die Schwiegertochter von Carl August. In der Kapelle finden regelmäßig russisch-orthodoxe Gottesdienste statt *(Auskunft Tel. 42 60 68).*

Links neben der Gruft bekam Johann Peter Eckermann (1792 bis 1854), Goethes Privatsekretär und vom Herzog zum Hofrat ernannt, seine letzte Ruhestätte. Bekannt wurde er durch die 1836 erschienenen »Gespräche mit Goethe«.

Hinter der Kapelle steht inmitten der Gräber für ehemalige Bewohner des Marie-Seebach-Stiftes das *Euphrosyne-Denkmal.* Marie Seebach (1829–97), zu ihrer Zeit eine der populärsten Schauspielerinnen, hatte ihr gesamtes Vermögen einer Stiftung für betagte Bühnenkünstler vermacht. Das Denkmal – eine Sandsteinsäule, geschmückt mit Masken, tanzenden Nymphen und Tierkreiszeichen – ließ Goethe zur Erinnerung an die bereits mit 19 Jahren gestorbene Schauspielerin Christiane Becker-Neumann anfertigen, die ihn vor allem als Euphrosyne in der Oper »Das Petermännchen« begeistert hatte. Bis 1945 stand das Denkmal gegenüber dem Stadtschloss.

Rechter Hand, an der westlichen Friedhofsmauer, befindet sich die *Grabstätte der Familie Goethe,* in der auch die Enkelsöhne Walther (1818–85) und Wolfgang (1820–83) ruhen. Goethes Frau Christiane – sie starb bereits 1816 – ist auf dem Jakobsfriedhof begraben, sein Sohn August in Rom. Neben der Goethe-Grabstätte liegt die von Johann Daniel Falk (1768 bis 1826), dem Begründer der »Gesellschaft der Freunde in der Not«, und seiner Ehefrau.

Wer noch mehr Geschichte möchte, geht weiter in den neueren Teil des Friedhofs mit dem *Ehrenhain für unbekannte antifaschistische Kämpfer aller Nationen,* in dem Häftlinge des KZ Buchenwald ruhen, und zu den Gräbern der Opfer des Bombenangriffs auf Weimar am 9. Februar 1945, denen sich Gräber für im Zweiten Weltkrieg gefallene deutsche Soldaten anschließen. Das *Denkmal für die Märzgefallenen (S. 27),* die Weimarer Opfer des Kapp-Putsches von 1920, schuf Walter Gropius 1922.

Rund um das Thüringer Becken

Burgen, Salinen und Schlösser sind lohnende Ausflugsziele

INS SAALE- UND ILMTAL

Das südöstlich von Weimar gelegene Tal der Saale und Tal der Ilm im Südwesten bilden die Grenzen dieser Tagestour, die etwa 150 km lang ist.

Auf der A 4 fahren Sie 24 km bis zur Anschlussstelle Jena-Göschwitz und weiter auf der B 88 nach *Kahla* **[107 E4]** im Saaletal. In der Pfarrkirche der kleinen Stadt hat Martin Luther 1524 gepredigt. Bemerkenswert ist bei Seitenroda die *Leuchtenburg* **[107 F4]**, die einen Abstecher lohnt. »Königin des Saaletales« wird die im Lauf der Jahrhunderte mehrfach um- und ausgebaute Burg mit ihren vier Wehrtürmen aus dem 15. und 16. Jh. auch genannt. Sie beherbergt ein *Museum (tgl. 9–17 Uhr, Mai–Aug. 9–18.30 Uhr)*, das eine Jagd-, Porzellan- und Weinbauausstellung zeigt. Ebenfalls an der B 88 liegt *Orlamünde* **[107 E5]**, dessen Burg im Mittelalter der Stammsitz der Grafen von Weimar-Orlamünde war. Von der gewaltigen, im 11. Jh. errichteten Anlage hat sich der Wohnturm mit bis zu 3 m dicken Mauern erhalten.

Auf Schloss Kochberg wohnte Charlotte von Stein – Goethe besuchte sie hier oft

Pößneck **[107 E5]** besitzt mit dem spätgotischen *Rathaus* eines der schönsten Bauwerke Thüringens. Der Brunnen auf dem Marktplatz plätschert bereits seit 1521. Der *Weiße Turm* von 1453 ist ein Rest der Stadtbefestigung. Pößneck scheint schon Goethe gefallen zu haben, denn bei seinen Reisen in die Bäder Böhmens hat er hier häufig übernachtet.

Von Pößneck sind es 13 km bis *Saalfeld* **[107 D6]**, das vor allem durch die *Feengrotten* bekannt geworden ist *(Führungen, Dauer 45 Min., März–Okt. tgl. 9–17 Uhr, Nov. nur Sa, So 10–15.30 Uhr, Dez. bis Feb. tgl. 10–15.30 Uhr)*. In weniger als 300 Jahren schuf die Natur hier in einem ehemaligen Alaunschieferbergwerk eine wundervolle Farbenpracht. Im Guinness-Buch der Rekorde werden die Feengrotten als die »farbenreichsten Schaugrotten der Welt« bezeichnet. Der Märchendom ist mittlerweile zu einem beliebten Trauungsort geworden: Vor der malerischen Kulisse der Gralsburg geben sich jährlich mehrere Dutzend Hochzeitspaare das Jawort. In der Stadt selbst ge-

Die Pracht der Saalfelder Feengrotten entstand in einem alten Bergwerk

hören zu den weiteren Sehenswürdigkeiten das *Rathaus* am Markt, die *Burgruine Hoher Schwarm,* die *Stadtkirche St. Johannis* und eine dreischiffige gotische Hallenkirche aus dem 14. Jh.

Von Saalfeld sind es auf der B 85 nur 5 km bis *Bad Blankenburg* **[106 C6]** mit der *Burgruine Greifenstein* als markantem Wahrzeichen. Attraktion auf den spärlichen Resten der im 13. Jh. erbauten Anlage sind die Flugvorführungen des Falknerhofes. Adler, Kondor, Bussard und Falke ziehen majestätisch ihre Kreise hoch über der Burg, um plötzlich pfeilschnell auf den Handschuh des Falkners herabzustürzen *(April–Okt. Di–So 15 Uhr).* Ein Halt lohnt sich in *Paulinzella* **[106 B5]**: Das Benediktinerkloster verfiel nach der Säkularisation im 16. Jh. langsam, doch selbst die Ruinen sind beeindruckend. Im *Jagdschloss* sind seit Herbst 2002 eine Ausstellung zur Klostergeschichte sowie eine Jagd- und Forstausstellung zu sehen *(April–Okt. tgl. 10–18 Uhr, Nov.–März tgl. 10–16 Uhr).*

Insider Tipp

Nächste Station ist das von der Ilm durchflossene *Stadtilm* **[106 B5]** mit der prachtvollen *Liebfrauenkirche,* deren älteste Teile aus der Zeit um 1200 stammen.

Auf der B 87 erreichen Sie nach 15 km *Kranichfeld* **[106 C4]** im mittleren Ilmtal, das zwei Burgen besitzt: Die im 16. Jh. im Renaissancestil umgebaute *Oberburg,* auch Oberschloss genannt, und die *Niederburg,* an die nach einem Brand 1934 nur noch die Umfassungsmauern erinnern. In dem Ort kam 1840 Rudolf Baumbach zur Welt, dessen Namen wohl kaum jemand kennen würde, hätte er nicht das Lied »Hoch auf dem gelben Wagen« geschrieben. 4 km weiter, entlang der östlichen Straßenseite, erstreckt sich der *Stausee Hohenfelden* **[106 C4]** mit dem Freizeitpark. Dazu gehören die täglich geöffnete *Avenida-Therme* und das *Strandbad* mit großen Liegewiesen. Für FKK-Anhänger gibt es im hinteren Teil des Bades einen Bereich. Aus mehr als 30 historischen Gebäuden – darunter Bauernhöfe, alte Werkstät-

Insider Tipp

ten und Scheunen – besteht das *Thüringer Freilichtmuseum (April bis Okt. tgl. 10–18 Uhr, Nov.–März Di–So 11–17 Uhr).* An der Anschlussstelle Erfurt Ost geht es wieder auf die A 4, die Sie nach 20 km bei der Anschlussstelle Weimar verlassen müssen.

GRADIERWERKE, BURGEN UND GLOCKEN

Der Nordosten von Weimar ist das Ziel dieses Tagesausflugs, der ein klein wenig ins benachbarte Bundesland Sachsen-Anhalt führt. Die Länge der Strecke beträgt etwa 100 km.

Sie verlassen Weimar auf der B 85 in Richtung Norden und biegen nach 30 km rechts nach *Buttstädt* **[107 D1]** ab. Das Städtchen bietet als Sehenswürdigkeit einen *Camposanto* (Friedhof als architektonische Anlage) mit Grabdenkmälern aus dem 16. und 17. Jh. Beachtenswert sind außerdem das *Rathaus,* mit dessen Bau 1501 begonnen, das aber erst nach 100 Jahren fertig gestellt wurde, und die barocke *Michaeliskirche.* Hoch über dem 12 km entfernten Ort *Eckartsberga* **[107 E1]** thront die imposante Ruine der *Eckartsburg.* In diesem Städtchen musste Goethe einen Zwangsaufenthalt einlegen, weil die Reisekutsche ein neues Rad brauchte. Der Dichter soll die Zeit genutzt haben und zur Burg spaziert sein, die ihn zur Ballade vom getreuen Eckart inspirierte. Gegenüber dem Eingangstor zur Burg steht die steinerne Goethebank mit der Inschrift »Angesichts der Eckartsburg dichtete Goethe am 17. April 1813 seine Ballade ›Der getreue Eckart‹ und schrieb diese während eines Postwechsels nieder«. Die Wartburg ist eine von vorerst 30 Burgen, die im Maßstab 1:75 im *»Burgenland«* am Fuß der Eckartsburg zu sehen sind. Von einer 5 m hohen Aussichtsplattform haben Sie einen schönen Überblick. Rodelspaß bietet die 850 m lange *Sommerrodelbahn.* Der *Irrgarten* mit 4300 Koniferen hat ein Wegenetz von 1550 m ohne Sackgassen; der kürzeste Weg zum Ausgang ist 365 m lang *(alle April–Okt. tgl. 9.30–18 Uhr).*

Von Eckartsberga sind es auf der B 87 22 km bis *Bad Kösen* **[107 F1]**. Hier wurden 1730 ergiebige Solequellen entdeckt, und man gründete Heilanlagen: Am Ufer der Saale erstreckt sich auf einer Länge von 320 m das *Gradierwerk.* 1912 gründete Käthe Kruse in Kösen ihre erste Puppenwerkstatt. In der Kunsthalle, die zum Heimatmuseum gehört, ist die *Dauerausstellung »Puppenwelt der Käthe Kruse«* zu sehen, in der weit über 100 originale Käthe-Kruse-Puppen an die Künstlerin erinnern, die bis 1950 in Bad Kösen tätig war *(Mai–Okt. Di–Fr 10–12, 13–17 Uhr, Sa, So 10–17 Uhr, Nov.–April Mi 10–12, 13–16 Uhr, Sa, So 10–16 Uhr).*

Von der Kurverwaltung in Bad Kösen sind es etwa 3 km zu Fuß bis zur *Rudelsburg (April–Dez. tgl. 10–18 Uhr, Jan.–März Di–So 10 bis 16.30 Uhr)* **[107 F1]**, die als Verteidigungsanlage auf einem hohen Felsen am Saaleufer entstand. Die Rudelsburg wurde 1348 und 1450 zerstört, nach dem Wiederaufbau brannte sie im Dreißigjährigen Krieg 1641 aus und verfiel. Große Teile der Hauptburg überdauerten jedoch die Jahrhunderte. Etwa 20

Minuten dauert der Spaziergang von der Rudelsburg zur *Burg Saaleck* **[107 F1]**, von der zwei romanische, 23 m hohe runde Türme und Teile der Umfassungsmauer erhalten geblieben sind.

Keine 10 km sind es von Bad Kösen bis nach *Bad Sulza* **[107 F1]**, dessen *Gradierwerk* als technisches Kulturgut gilt. Die täglich geöffnete *Toskana Therme,* ein Projekt der Expo 2000, verfügt über vier Innen- und zwei Außenbecken mit 35 Grad warmem, heilendem Solewasser. Freitags heißt es Insider Tipp »Bach unter Wasser«: Den Kompositionen des großen Musikers wird nicht im dunklen Anzug oder Kostüm gelauscht, sondern im *Liquid Sound Tempel* in Badebekleidung mit den Ohren unter Wasser *(Reservierung erforderlich unter Tel. 036461/ 928 88).* Im August 2002 wurde die *Kopie von Goethes Gartenhaus* eröffnet. 1999 war das Double des Gartenhauses ein Kulturstadt-Knüller. Bad Sulza hat das Haus von Weimar gekauft und wird es kulturell nutzen.

Apolda **[107 E2]**, das nächste Reiseziel, ist für seine Kirchenglocken berühmt, die seit 1722 in der Stadt gegossen wurden. Im *Glockenmuseum (Mai–Okt. Di–Fr 10–13, 14–17 Uhr, Sa, So 10 bis 14 Uhr, Nov.–April bis 16 bzw. 13 Uhr)* wird die Geschichte der Glockenherstellung dokumentiert. Insider Tipp Das *Kunsthaus Apolda Avantgarde (Bahnhofstr. 42, Di–So 10–18 Uhr)* hat sich mit seinen spektakulären Ausstellungen, Vorträgen und Kunstauktionen über die Thüringer Landesgrenzen hinaus einen Namen gemacht.

In *Kapellendorf* **[107 E3]** befindet sich eine der besterhaltenen Wasserburgen Thüringens. Zu sehen ist die Ausstellung *»Burgen in Thüringen« (Di–Fr 9–12, 13 bis 17 Uhr, Sa, So ab 10 Uhr).* Von Kapellendorf fahren Sie auf die B 7, von der es 10 km bis Weimar sind.

GOETHE-WANDERWEG

Von 1775 bis 1788 ging Goethe, wann immer er es einrichten konnte, von Weimar zum Schloss »hinter den Bergen«. Dort, in Großkochberg, wohnte seine Vertraute Charlotte von Stein. Eine Wandergruppe aus Jena suchte nach der kürzesten Verbindung, die Goethe zwischen Weimar und Schloss Kochberg gewählt haben könnte. Den 28 km langen Weg markierte sie mit einem großen weißen »G« auf grünem Untergrund. Planen Sie einen ganzen Tag dafür ein.

In Weimar wandern Sie am *Wielandplatz* los. Der Weg führt Sie über die *Amalien-* und *Rainer-Maria-Rilke-Straße* sowie den *Bergweg* nach *Vollersroda* **[107 D3]** – ein typisches Straßendorf, das schon 1262 in einer Urkunde erwähnt wird. Goethe hat diese Strecke meist mit dem Pferd zurückgelegt und war nach eigenen Angaben etwa zweieinhalb Stunden unterwegs.

Wenig später bietet sich vom Hang der Balsamine ein herrlicher Blick in das mittlere Tal der Ilm. Sie wandern weiter bergab und kommen in das schön gelegene Dorf *Buchfart* **[107 D3]**. Sehenswert ist die überdachte, 39 m lange Holzbrücke (17./19. Jh.) über die Ilm. Die ältesten Teile der Wassermühle daneben stammen aus dem 17. Jh. Oberhalb des Dorfes, am Steilhang des linken Ilmufers, wurde die *Höhlenburg* in den Kalkfelsen getrieben, die in vor- und frühgeschichtlicher Zeit vermutlich als Fluchtort diente. Weiter geht es nach *Saalborn* **[107 D3]**, danach laufen Sie ein kleines Stück auf der B 85 entlang. Im *Dämmbachsgrund,* benannt nach einem munter plätschernden Bach, biegen Sie rechts in einen Waldweg ein und wandern in Richtung *Schwarza* **[107 D4]**. Von hier geht es weiter nach *Hochdorf* **[107 D4]**. Dieser Ort ist in die Geschichte eingegangen, weil hier im Oktober 1806 die preußische Armee lagerte, bevor sie zur Schlacht von Jena und Auerstedt weiterzog und von Napoleon vernichtend geschlagen wurde.

In Hochdorf haben Sie 20 km der Strecke zurückgelegt. Zeitangaben sind kaum möglich, denn mancher verweilt auf den Ruhebänken und Rastplätzen, während andere die Wanderung als sportliche Herausforderung ansehen. Goethe hatte es, so die Überlieferung, stets eilig, denn Charlotte von Stein wartete auf ihn. Am 12. Juli 1777 notierte der Dichter: »... ich habe mich gestern herausgeflüchtet, bin um halb sechs zu Fuß von Weimar abmarschiert und war halb zehn schon hier, da alles schon verschlossen war und sich zum Bettgehen bereitete ...«

Das nächste Wanderziel ist *Neckeroda* **[107 D4]**, ein altes Rundangerdorf. Die doppelte Wallanlage, von der es einst umgeben war, ist in großen Teilen noch erkennbar. Bald darauf ist der *Luisenturm* erreicht, von dem Sie einen weiten Blick ins Thüringer Land haben. Benannt wurde der Turm nach Luise von Stein, einer Enkeltochter Charlotte von Steins. Noch 3 km, und das Ziel ist erreicht: *Schloss Kochberg (S. 76).*

Eilig wie der Dichterfürst oder in aller Muße: auf dem Goethe-Wanderweg

Angesagt!

Events, Meetings und Aktionen, die Sie kennen und nicht verpassen sollten!

Jamsessions
Jeden zweiten Di im Monat wird im *ACC (Burgplatz 1)* gejazzt. Um 21 Uhr geht's los, und nur wer rechtzeitig da ist, hat Chancen, einen Platz zu bekommen. Studenten der Hochschule für Musik »Franz Liszt« präsentieren ihr Können (außer in den Semesterferien). Jazzfans, die an diesem Tag nicht in Weimar sind, müssen nicht traurig sein: Die Studenten jazzen auch jeden So ab 12.30 Uhr im *Restaurant Shakespeares* in der *Windischenstr. 4–6*. Im *Hotel Dorint am Goethepark* findet einmal im Monat die *Late Night Jazz* mit Gruppen aus der Weimarer Jazzszene statt.

Resi-Treff
Sehen und gesehen werden: Seit Jahrzehnten ist das *Residenz-Café* am Grünen Markt, kurz »Resi« genannt, *der* Treff in Weimar. Die Leute: ein guter Mix aus Szene, Normalos und Touris. Im Resi geht es locker und zwanglos zu, und jeder kommt mit jedem ins Gespräch. Manch einer kommt auch nur hierher, um Zeitung zu lesen und das Defilee der Touristen auf dem Grünen Markt abzunehmen.

Studenten-Trendys
Weimars Studenten haben zwei Clubs, in denen man sich oft drängt – denn einen halben Liter Bier für nur 1,80 Euro wie im *Studentenklub Kasseturm* am Goetheplatz, das bietet eben keine Kneipe. Auch die Pizzas und Crêpes im Bierkeller sind nicht nur schmackhaft, sondern ebenfalls preiswert. Im *Studentenclub Schützengasse* sind die drei Bars auch immer rappelvoll, denn was Studenten hier für Studenten mixen, das ist auf den schmalen Geldbeutel zugeschnitten und schmeckt trotzdem gut.

Livekonzerte bei Vollmond
Wenn der Vollmond am Himmel (oder im Kalender) steht, wird nach Bad Sulza in die *Toskana Therme* gefahren. Um 22 Uhr beginnt die Livemusik im mit Wasser gefüllten Konzertsaal. Man legt sich in das 35 Grad warme Wasser und lauscht bis 2 Uhr morgens den Klängen hochkarätiger Musiker. Zeitiges Kommen ist angesagt, denn Reservierungen werden nicht vorgenommen.

Von Anreise bis Wetter

Hier finden Sie kurz gefasst die wichtigsten Adressen und Informationen für Ihre Reise nach Weimar

ANREISE

Auto
Von Osten und von Westen erreichen Sie die Stadt am günstigsten über die A 4. Wer aus dem Süden oder dem Norden kommt, fährt auf der A 9 bis zum Hermsdorfer Kreuz und von dort weiter auf der A 4. Von der Autobahn-Anschlussstelle Weimar sind es auf der B 85 lediglich 5 km bis zur Stadt.

Das grün-weiße Hotelleitsystem führt Sie zur ausgewählten Unterkunft.

Bahn
Weimar liegt an der ICE-Strecke Frankfurt/Main-Leipzig-Dresden. Von Berlin besteht IR-Verbindung im 2-Stunden-Takt. Der Hauptbahnhof liegt am nördlichen Rand des Stadtzentrums. Von dort fahren die Buslinien 1, 5, 6, 7, 8 und 11 ab. Taxis stehen immer bereit.

Flugzeug
Der nächstgelegene Flughafen befindet sich im 20 km entfernten Erfurt. Dorthin bestehen im innerdeutschen Liniennetz Verbindungen aus Berlin-Tempelhof, Dortmund, Düsseldorf, München, Hamburg und Köln/Bonn.

AUSKUNFT

Tourist-Information Weimar **[U B4]**
Informationen, Stadtführungen, Zimmervermittlung, Theaterkarten, Tischreservierungen, Souvenirverkauf und vieles mehr. Prospektmaterial wird gern zugeschickt, Rückporto sollten Sie beilegen.

April–Okt. Mo–Fr 9.30–18 Uhr, Sa, So und Feiertage 9.30–15 Uhr, Nov.–März Mo–Fr 10–18 Uhr, Sa, So und Feiertage 10–14 Uhr, Markt 10, 99423 Weimar, Tel. 03643/ 240 00, Fax 24 00 40, tourist-info@ weimar. de

Fremdenverkehrsverband Weimarer Land e.V. **[U B4]**
Informationen zur Region.

Geöffnet wie Tourist-Information Weimar, Markt 10, Tel. 03643/ 24 00 33, Fax 24 00 32

Postanschrift: Bahnhofstr. 28, 99510 Apolda, tourist-info@im-weimarer-land.de

Besucherinformation Stiftung Weimarer Klassik und Kunstsammlungen **[U B4]**
Auskünfte, Organisation von Führungen, Museumsgespräche, Vorträge, Annahme der für Gruppen ab

www.marcopolo.de

Das Reiseweb mit Insider-Tipps

Mit Informationen zu mehr als 4000 Reisezielen ist Marco Polo auch im Internet vertreten. Sie wollen nach Paris, in die Dominikanische Republik oder ins australische Outback? Per Mausklick erfahren Sie unter www.marcopolo.de das Wissenswerte über Ihr Reiseziel. Zusätzlich zu den Reiseführerinfos finden Sie online:

- täglich aktuelle Reisenews und interessante Reportagen
- regelmäßig Themenspecials und Gewinnspiele
- Miniguides zum Ausdrucken

Gestalten Sie Marco Polo im Web mit: Verraten Sie uns Ihren persönlichen Insider-Tipp, und erfahren Sie, was andere Leser vor Ort erlebt haben. Und: Ihre Lieblingstipps können Sie in Ihrem Marco Polo Notizbuch sammeln. Entdecken Sie die Welt mit www.marcopolo.de! Holen Sie sich die neuesten Informationen, und haben Sie noch mehr Spaß am Reisen!

zehn Personen erforderlichen Voranmeldung.

Frauentorstr. 4, April–Okt. Mo bis Fr 9–17.30 Uhr, Sa 9–16 Uhr, Nov.–März Mo–Sa 9–16 Uhr

FUNDBÜRO

Städtisches Fundbüro **[102 B4]**
Schwanseestr. 17, Tel. 76 22 81

INTERNET

Viele Informationen über Weimar sind unter *www.weimar.de* zu bekommen, über die nähere Umgebung unter *www.weimarer.land.de.*

Fast alles über die Bauhaus-Universität Weimar steht unter *www.uni-weimar.de,* über die Hochschule für Musik »Franz Liszt« unter *www.hfm-weimar.de.*

Die Bauarbeiten für die Erweiterung der Herzogin Anna Amalia Bibliothek werden im Internet übertragen: *weimar-klassik.de/webcam.*

INTERNETCAFÉS

In Weimar gibt es zwar kein Internetcafé, aber einen Internetpoint im Kundenraum der *Tourist-Information.* Die nächsten Internetcafés befinden sich in Erfurt *(Internet+Kaffee, Clara-Zetkin-Str. 40, Tel. 0361/34 99 00 00, TN@TNE.de, www.TNE.de),* in Gotha *(Netzcafé, Buttermarkt 5, Tel. 03621/21 94 97, info@netzcafe.net, www.netzcafe.net)* und in Ilmenau *(City-Cybeer-Café, Kirchplatz 3, Tel. 03677/89 64 00, info@ccci.de, www.ccci.de).*

NOTRUFE

Polizei: Tel. 110
Feuerwehr, Notruf: Tel. 112

Über den Bereitschaftsdienst der Apotheken und Zahnärzte informiert täglich die lokale Presse.

PANNENHILFE

ADAC
Rund um die Uhr:
Tel. 01802/22 22 22

PARKPLÄTZE

In der Weimarer Innenstadt ist das Parken problematisch. Es empfiehlt sich, den kostenfreien Großparkplatz an der Marcel-Paul-Straße **[102 A2]** in Weimar-Nord zu nutzen. Kostenfrei für Pkw ist ebenfalls der Parkplatz Hermann-Brill-Platz **[102 A4]**. Kostenpflichtig sind die Parkplätze am Friedhof, Berkaer Straße **[O]** sowie an der Weimarhalle, Ernst-Thälmann-Straße **[U A2]** und in der Coudraystraße **[102 B4]**. Tiefgaragen gibt es am Beethovenplatz **[U B5]** und bei der Weimarhalle **[U A2]**. An den Stadteingängen beginnt das Parkleitsystem.

ÖFFENTLICHE VERKEHRSMITTEL

Weimar hat ein gutes Netz öffentlicher Buslinien, die alle über den Goetheplatz führen. Einzelfahrscheine und Einzelabschnitte der 8-Fahrten-Karten berechtigen zum einmaligen Umsteigen ohne Aufenthalt. Rückfahrten und Weiterfahrten mit der gleichen Linie sind nicht gestattet. Die 8-Fahrten-Karte gibt es am Kiosk gegenüber dem Hauptbahnhof, im Pavillon am Goetheplatz und in vielen Geschäften. *Auskunft: Verkehrsbetriebe Weimar GmbH, Tel. 242 00, www.verkehrs betriebe-weimar.de*

ÖFFNUNGSZEITEN

Wer bei den Restaurants sichergehen möchte, ob geöffnet ist, sollte sich telefonisch erkundigen. Kleinere Restaurants haben, vor allem im Winter, oftmals einen Ruhetag.

In den Museen erfolgt der letzte Einlass 30 Minuten vor der genannten Schließung. Die Geschäfte haben Mo–Fr meist von 10 bis 18 Uhr geöffnet, am Sa von 10 bis 14 oder 16 Uhr.

STADTFÜHRUNGEN

Alle Stadtführungen werden in Weimar auf Grund der geringen Entfernungen zu Fuß durchgeführt. Für Einzeltouristen finden täglich um 10 und 14 Uhr Stadtführungen ohne Voranmeldung statt. Treffpunkt ist die Tourist-Information, die Führungen dauern etwa zwei Stunden.

Was kostet wie viel?

Kaffee	**ca. 2,60 Euro** für ein Kännchen
Museum	**3,50 Euro** Eintritt für die Besichtigung von Schillers Wohnhaus
Fahrrad	**6 Euro** Miete für einen Tag
Rostbratwurst	**1,60 Euro** auf dem Marktplatz
Busfahrt	**1,40 Euro** für eine Einzelfahrt
Stadtführung	**6 Euro** für einen Erwachsenen

TAXI

Wie überall: Auch in Weimar rufen Hotels und Restaurants gern ein Taxi. Wer es selbst machen möchte, wählt *Tel. 595 55.* Taxistände gibt es u. a. am Theaterplatz, am Goetheplatz und am Hauptbahnhof.

TELEFON & HANDY

Vorwahl Weimar: 03643

Weimar hat, wie fast alle ostdeutschen Städte und Regionen, eins der modernsten Telefonnetze in Deutschland. In den reichlich vorhandenen öffentlichen Telefonzellen gibt es meist Kartentelefone, in fast jedem Hotelzimmer befindet sich ein Telefon. Handybesitzer haben in allen Netzen guten Empfang.

VERANSTALTUNGS-HINWEISE

Monatlich geben die Stadt Weimar und das Weimarer Land einen kostenlosen Veranstaltungskalender heraus, der bei der Tourist-Information, aber auch in Hotels ausliegt.

Außerdem erscheinen monatlich die *live-Stadtinformationen* (60 Cent), die auch einen Veranstaltungskalender enthalten.

WEIMAR-CARD

Die Weimar-Card ist als Fahrschein auf allen Bus-Stadtlinien 72 Stunden ab Entwertung gültig. Sie kostet 10 Euro und ist nicht übertragbar. Zusätzlich bietet sie kostenlosen oder ermäßigten Eintritt in Museen, Kultur- und Gedenkstätten. Die Weimar-Card plus gilt für 72 Stunden und kostet 15 Euro, die Weimar-Card Basis plus hat eine Gültigkeit von 144 Stunden und kostet 25 Euro.

Erhältlich ist die Weimar-Card in der Tourist-Information, in der Verkaufsstelle Goetheplatz der Verkehrsbetriebe Weimar und in verschiedenen Hotels.

Wetter in Weimar

	Jan.	Feb.	März	April	Mai	Juni	Juli	Aug.	Sept.	Okt.	Nov.	Dez.
Tagestemperaturen in °C	2	3	8	14	19	22	24	24	20	14	8	4
Nachttemperaturen in °C	–3	–3	0	4	8	11	13	13	10	6	2	–1
Sonnenschein Std./Tag	2	3	5	6	7	8	7	6	6	3	2	2
Niederschlag Tage/Monat	17	15	13	14	13	13	14	13	12	14	16	15

Cityatlas Weimar

Die Seiteneinteilung für den Cityatlas finden Sie auf dem hinteren Umschlag dieses Reiseführers

Kartenlegende Cityatlas

Autobahn Motorway		Autoroute Autosnelweg
Schnellstraße Multilane divided motorroad		Route à chausées séparées Autoweg met gescheiden rijbanen
Bundesstraße National road		Route nationale Nationale weg
Hauptstraße Main road		Route principale Hoofdweg
Straßentunnel Road tunnel		Tunnel routier Galleria
Fuß-, Feld-, Waldweg Foot-, field-, woodpath		Sentier, chemin rural, -forestier Voetpad, landweg, bospad
Treppe - Fußgängerzone Steps - Pedestrian zone		Escalier - Zone piétonne Trap - Voetgangerzone
Einbahnstraße One way street		Voie à sens unique Straat met eenrichtingsverkeer
Eisenbahn mit Bahnhof Railway with station		Chemin de fer avec gare Spoorweg met station
S- Bahn mit Station Rapid transit with station	S	Train rapid avec gare Stadspoor met station
U-Bahn mit Station Underground with station	U	Métro avec station Ondergrondse spoorweg met station
Straßenbahnlinie mit Endstelle Tramway with terminus	12 94	Ligne de tram avec terminus Tramlijn met eindpunt
Buslinie mit Endstelle Bus route with terminus	94 12	Ligne d'autobus avec terminus Buslijn met eindpunt
Fluss mit Fähre River with ferry		Rivière avec bac Rivier met veerboot
Bebauung, öffentliches Gebäude Industriegelände Built-up area, public building Industrial area		Terrain bâti, bâtiment public Terrain industriel Woongebied, openbaar gebouw Industriegebied
Park, Wald - Friedhof Park, wood - Cemetery		Parc, bois - Cimetière Park, bos - Begraafplaats
Quelle - Wasserbehälter Spring - Reservoir		Source - Reservoir d'eau Bron - Waterreservoir
Parkplatz - Parkhaus Car park - Parking house	P P	Parking - Bâtiment parking Parkeerplats - Parkeergarage
Kirche - Denkmal Church - Monument		Eglise - Monument Kerk - Monument
Synagoge - Moschee Synagogue - Mosque		Synagogue - Mosquée Synagoge - Moskee
Feuerwache - Krankenhaus Fire brigade - Hospital	F	Poste de pompiers - Hôpital Brandweer - Ziekenhuis
Polizeiwache - Post Police - Post office		Police - Bureau de poste Politie - Postkantoor
Jugendherberge - Campingplatz Youth hostel - Camping site		Auberge de jeunesse - Camping Jeugdherberg - Camping
Turm - Funkturm Tower - Radio tower		Tour - Tour radio Toren - Zendemast
Hervorragende Bäume Outstanding trees		Arbes isolés Markante bomen
Mühle - Wassermühle Windmill - Watermill		Moulin à vent - Moulin à eau Windmolen - Watermolen
Stadtspaziergänge City walks		Promenades en ville Wandelingen door de stad

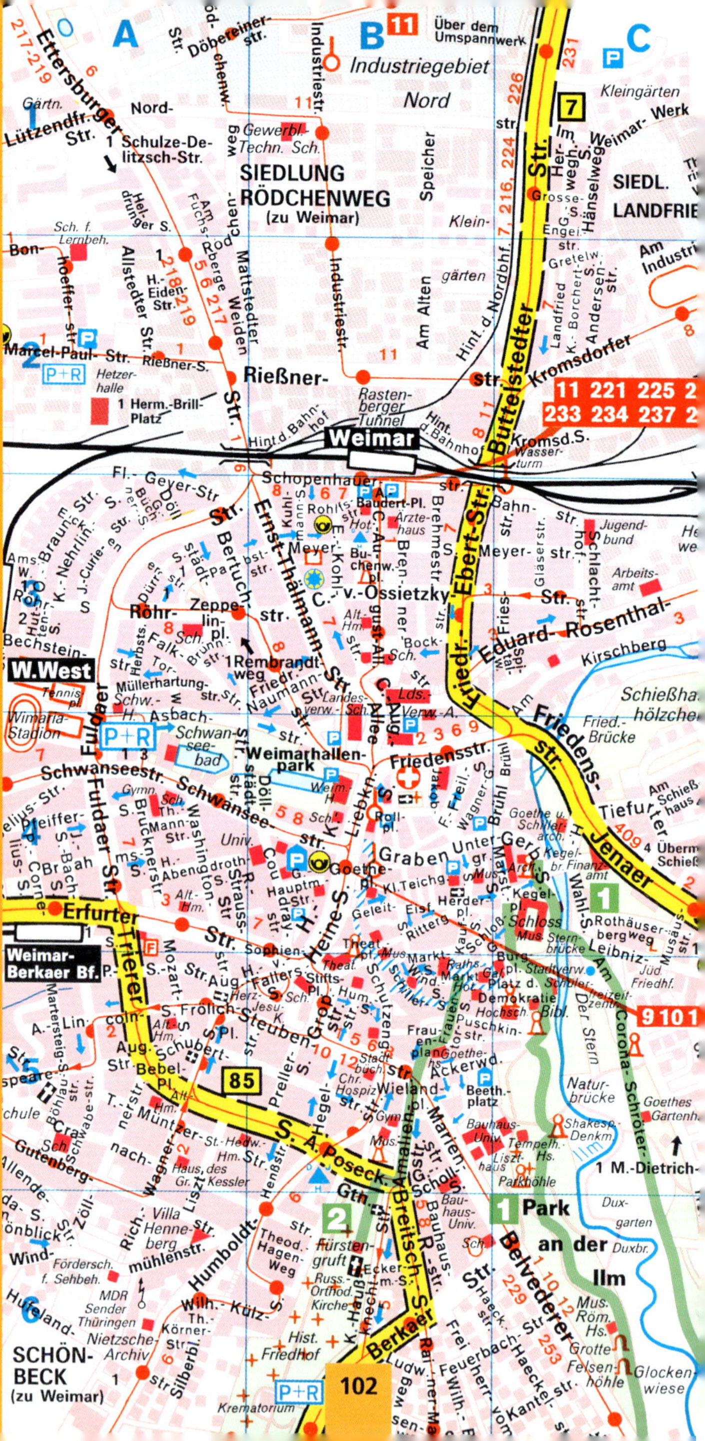

A
B
C
Industriegebiet Nord
Über dem Umspannwerk
SIEDLUNG RÖDCHENWEG (zu Weimar)
SIEDL. LANDFRIE
Kleingärten
Weimar-Werk
Ettersburger Str.
Lützendfr. Str.
Schulze-Delitzsch-Str.
Döbereinerstr.
Industriestr.
Gewerbl.-Techn. Sch.
Speicher
Klein-gärten
Am Alten
Hint. d. Nordbhf.
Buttelstedter Str.
Kromsdorfer Str.
Rießner-Str.
Rießner-S.
Marcel-Paul-Str.
Hetzerhalle
Herm.-Brill-Platz
Rasten-berger Tunnel
Weimar
Kromsd.S.
Wasserturm
Schopenhauerstr.
Ernst-Thälmann-Str.
Bertuchstr.
Friedr.-Ebert-Str.
Meyer-str.
Jugendbund
Arbeitsamt
C.-v.-Ossietzky-Str.
Eduard-Rosenthal-Str.
Kirschberg
Schießhaus hölzchen
Fried.-Brücke
Friedensstr.
Bechsteinstr.
W.West
Wimaria-Stadion
Fuldaer Str.
Asbach
Schwanseebad
Weimarhallenpark
Schwanseestr.
Rembrandtweg
Zeppelinpl.
Landesverw.
Lds.-Verw.-A.
Goethepl.
Graben
Unter-Gerb.
Tiefurter Allee
Jenaer Str.
Schloss
Rothäuser Bergweg
Erfurter Str.
Weimar-Berkaer Bf.
Trierer Str.
Sophienstr.
Heine-Str.
Theat.-Pl.
Markt
Platz d. Demokratie
Bibl.
Frauenplan
Steubenstr.
Schubertstr.
Bebelpl.
Wielandpl.
Ackerwand
Beeth.-platz
Bauhaus-Univ.
Naturbrücke
Goethes Gartenh.
Shakesp.-Denkm.
Tempelh.
Liszt-Haus
Parkhöhle
Park an der Ilm
Corona-Schröter-Str.
M.-Dietrich-
Duxgarten
S. A. Poseck
Amalienstr.
Belvederer Allee
Humboldtstr.
Gutenberg-str.
Haus des Gr. Kessler
Villa Henneberg
Fürstengruft
Hist. Friedhof
Russ.-Orthod. Kirche
Berkaer Str.
Nietzsche-Archiv
MDR Sender Thüringen
SCHÖNBECK (zu Weimar)
Krematorium
Feuerbach-Str.
Haeckelstr.
Kantstr.
Mus. Röm. Hs.
Grotte
Felsenhöhle
Glockenwiese
P+R
11 221 225
233 234 237
85
7
9 101

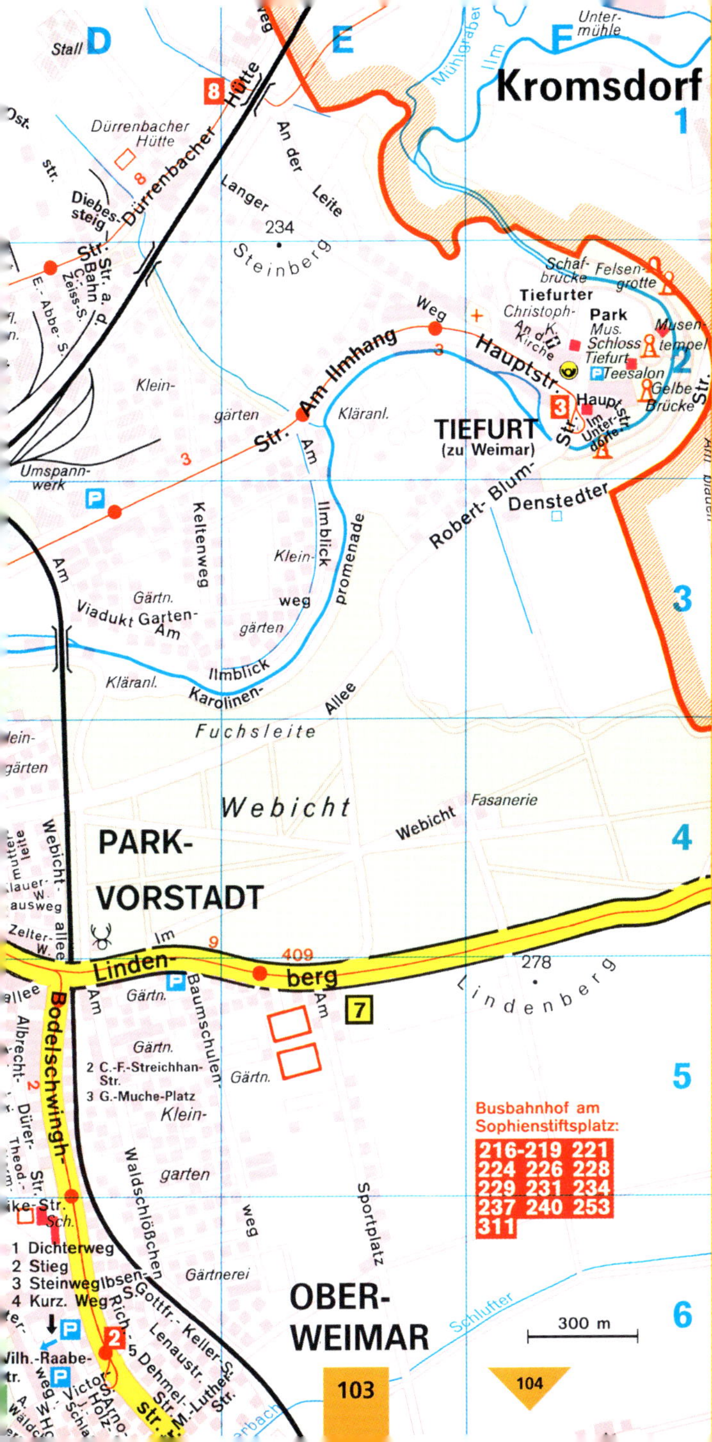
D
E
F
1
2
3
4
5
6
Kromsdorf
Unter-mühle
Mühlgraben
Ilm
Stall
Dürrenbacher Hütte
Dürrenbacher Hütte
Diebes-steig
Langer
An der Leite
234
Steinberg
Str. a. d. Bahn
C.-Zeiss-S.
E.-Abbe-S.
Umspannwerk
Klein-gärten
Am Ilmhang Str.
Weg
Kläranl.
Schaf-brücke
Felsen-grotte
Tiefurter Park
Christoph-K.
An d. Kirche
Mus. Schloss Tiefurt
Teesalon
Musentempel
Gelbe Brücke
Hauptstr.
Im Unter-dorfe
TIEFURT (zu Weimar)
Robert-Blum-Str.
Denstedter Str.
Am Ilmblick
Keltenweg
Klein-weg
Ilmpromenade
Am Viadukt
Gärtn.
Garten-Am
gärten
Ilmblick
Karolinen-Allee
Kläranl.
Fuchsleite
Webicht
Webicht
Fasanerie
PARK-VORSTADT
Webicht-allee
Zelter-W.
Im Lindenberg
409
278
Lindenberg
Am Baumschulen-
Gärtn.
7
Bodelschwingh-Str.
Albrecht-Dürer-Str.
Theod.-
2 C.-F.-Streichhan-Str.
3 G.-Muche-Platz
Klein-garten
Waldschlößchen
weg
Sportplatz
Gärtnerei
1 Dichterweg
2 Stieg
3 Steinweg
4 Kurz. Weg
Ibsen-S.
Rich.-S.
Gottfr.-Keller-S.
Lenaustr.
5 Dehmel-Str.
M.-Luther-Str.
Wilh.-Raabe-Str.
Victor-Arno-Holz-
OBER-WEIMAR
Schlufter
300 m
Busbahnhof am Sophienstiftsplatz:
216-219 221
224 226 228
229 231 234
237 240 253
311

103

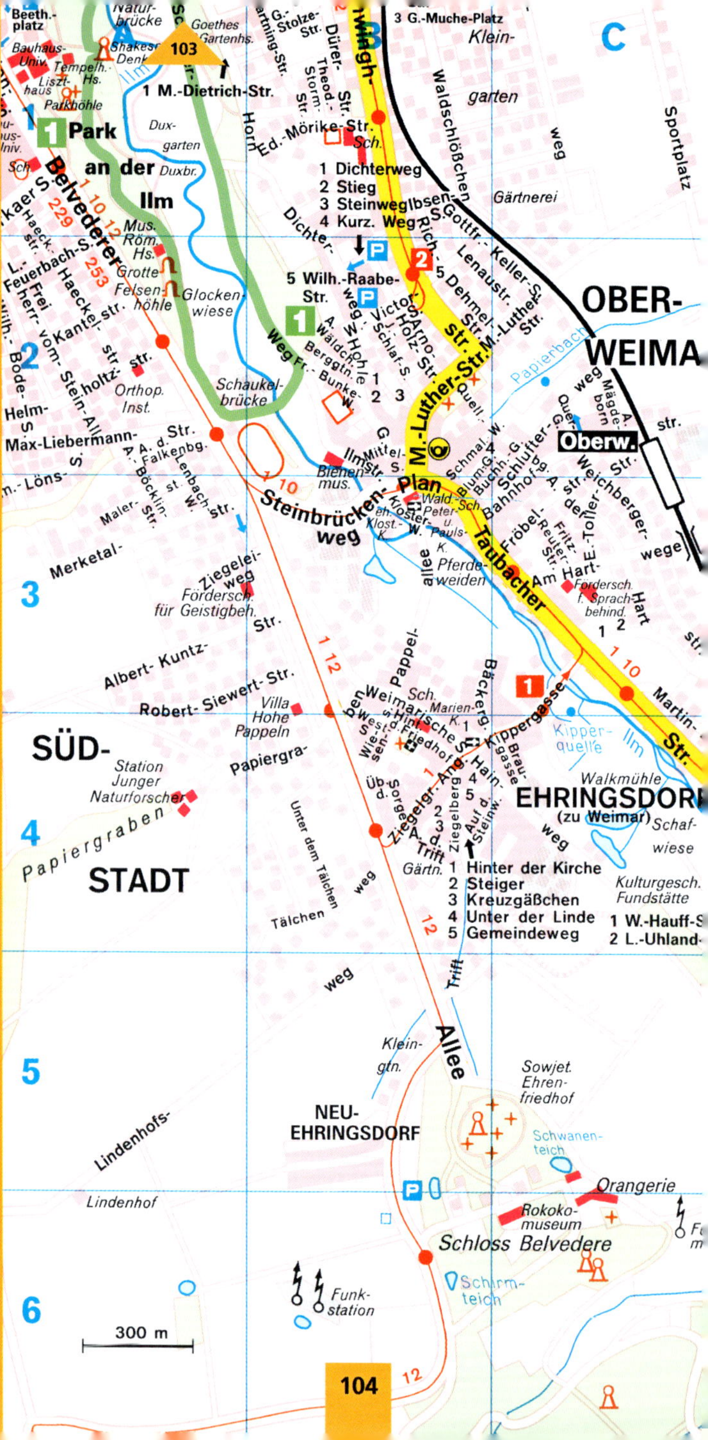
A
B
C
1
2
3
4
5
6
Beeth.-platz
Naturbrücke
Goethes Gartenhs.
Bauhaus-Univ.
Shakesp. Denkm.
Tempelh. Hs.
Liszt-haus
Parkhöhle
Ilm
1 M.-Dietrich-Str.
G.-Stolze-Str.
Dürer-Str.
Theod.-Storm-Str.
3 G.-Muche-Platz
Klein-garten
Park an der Ilm
Duxgarten
Duxbr.
Ed.-Mörike-Str.
Sch.
1 Dichterweg
2 Stieg
3 Steinweg
4 Kurz. Weg
Ibsen-S.
Waldschlößchen
Gärtnerei
Sportplatz
Belvederer
229
253
Mus. Röm. Hs.
Grotte
Felsen-höhle
Glockenwiese
Dichter-
5 Wilh.-Raabe-Str.
Gottfr.-Keller-S.
Lenaustr.
Dehmel-str.
M.-Luther-Str.
OBER-WEIMA
Papierbach
Kantstr.
Haeckelstr.
Feuerbachstr.
Helmholtz-str.
Orthop. Inst.
Schaukelbrücke
Weg
Taubacher Str.
Quell.
Mägdeborn
Querweg
Oberw.
Weichberger Str.
Max-Liebermann-Str.
Falkenbg.
Lenbach-str.
Böcklin-Str.
Malerstr.
Löns-
Bienenmus.
Ilmstr.
Mittel-S.
Plan
Steinbrückenweg
Wald.-Sch.
Peter-u.-Pauls-K.
Kloster-W.
Schmal. W.
Blum.-G.
Buchh.-G.
Schlufter-G.
Bahnhofstr.
Fröbel-
Reuter-Str.
Fritz-
E.-Toller-Str.
Pferdeweiden
Am Hart
Fördersch. f. Sprachbehind.
Hart
Merketal-
Ziegeleiweg
Fördersch. für Geistigbeh.
Albert-Kuntz-Str.
Robert-Siewert-Str.
Villa Hohe Pappeln
Pappel-
Weimarische
Bäckerg.
Marien-K.
Kippergasse
Kipper-quelle
Ilm
Martin-Str.
Friedhof
Brau-gasse
SÜD-STADT
Station Junger Naturforscher
Papiergraben
Papiergra-
Unter dem Tälchen
Tälchen
Ziegelberg
Ziegelgr.
Auf d. Steinw.
Trift
Gärtn.
EHRINGSDORF (zu Weimar)
Walkmühle
Schafwiese
1 Hinter der Kirche
2 Steiger
3 Kreuzgäßchen
4 Unter der Linde
5 Gemeindeweg
Kulturgesch. Fundstätte
1 W.-Hauff-S
2 L.-Uhland-
weg
Allee
Klein-gtn.
Sowjet. Ehrenfriedhof
NEU-EHRINGSDORF
Lindenhofs-
Lindenhof
Schwanenteich
Orangerie
Rokokomuseum
Schloss Belvedere
Schirmteich
Funkstation
300 m

Strassenregister Cityatlas

Das Register enthält eine Auswahl der im Cityatlas dargestellten Straßen und Plätze

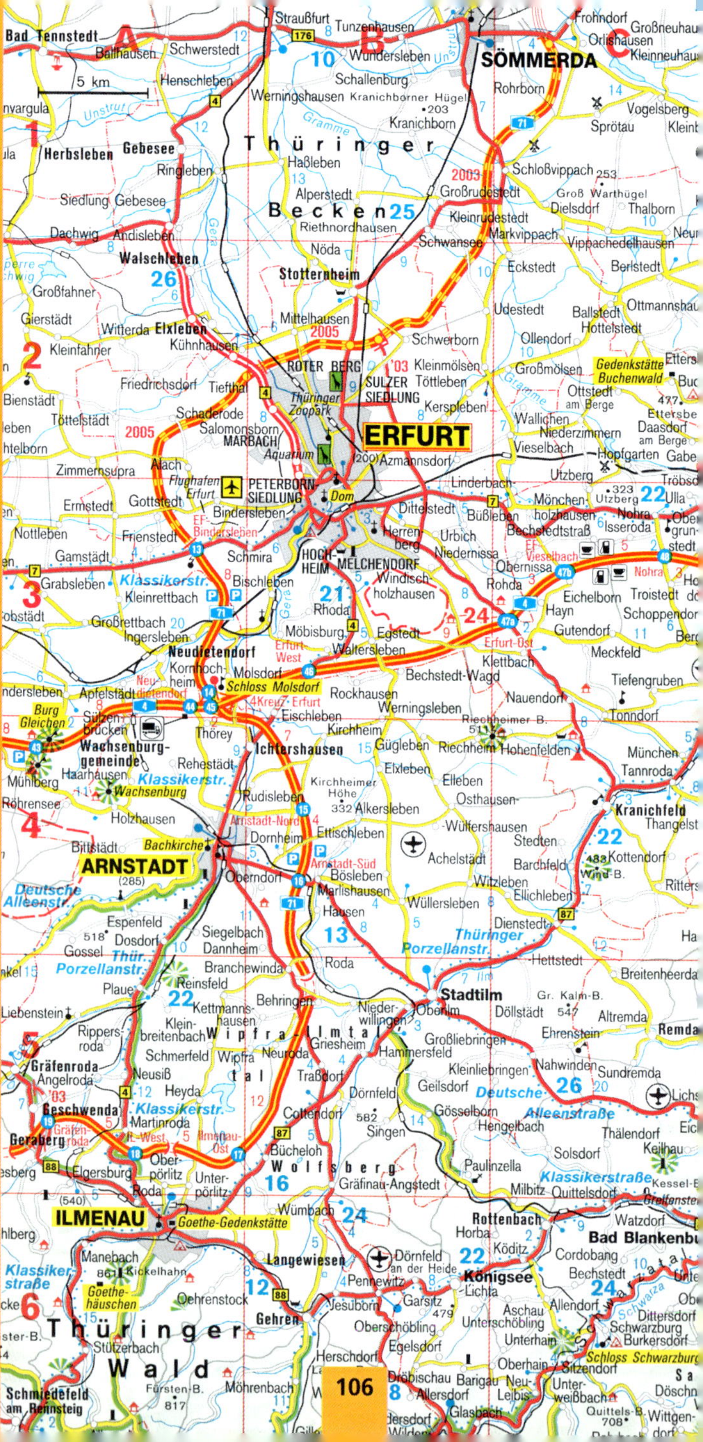

Bad Tennstedt
Ballhausen
Schwerstedt
Straußfurt
Tunzenhausen
Wundersleben
Unstrut
SÖMMERDA
Frohndorf
Orlishausen
Großneuhausen
Kleinneuhausen
5 km
Henschleben
Schallenburg
Werningshausen
Kranichborner Hügel
Kranichborn
Rohrborn
Vogelsberg
Sprötau
Herbsleben
Gebesee
Thüringer
Becken
Haßleben
Ringleben
Gramme
Schloßvippach
Groß Warthügel
Dielsdorf
Thalborn
Siedlung Gebesee
Alperstedt
Großrudestedt
Kleinrudestedt
Riethnordhausen
Dachwig
Andisleben
Markvippach
Vippachedelhausen
Neumark
Walschleben
Nöda
Schwansee
Stotternheim
Eckstedt
Berlstedt
Großfahner
Gierstädt
Udestedt
Ballstedt
Ottmannshausen
Hottelstedt
Witterda
Elxleben
Kühnhausen
Mittelhausen
Schwerborn
Ollendorf
Kleinfahner
Gedenkstätte Buchenwald
Ettersburg
Bienstädt
Friedrichsdorf
Tiefthal
ROTER BERG
SULZER SIEDLUNG
Kleinmölsen
Töttleben
Großmölsen
Ottstedt am Berge
Thüringer Zoopark
Kerspleben
Ettersberg
Töttelstädt
Schaderode
Salomonsborn
MARBACH
ERFURT
Wallichen
Daasdorf am Berge
Niederzimmern
Aquarium
Azmannsdorf
Vieselbach
Hopfgarten
Gaberndorf
Zimmernsupra
Alach
Linderbach
Utzberg
Flughafen Erfurt
PETERBORN-SIEDLUNG
Dom
Mönchenholzhausen
Ulla
Ermstedt
Gottstedt
Bindersleben
Dittelstedt
Büßleben
Nohra
Isseroda
Obergrunstedt
Nottleben
Frienstedt
EF-Bindersleben
Herrenberg
Urbich
Bechstedtstraß
Gamstädt
Schmira
HOCHHEIM
MELCHENDORF
Niedernissa
EF-Vieselbach
Windischholzhausen
Obernissa
Nohra
Grabsleben
Klassikerstr.
Bischleben
Rohda
Kleinrettbach
Rhoda
Eichelborn
Troistedt
Hayn
Schoppendorf
Großrettbach
Ingersleben
Möbisburg
Egstedt
Gutendorf
Neudietendorf
Erfurt-West
Waltersleben
Erfurt-Ost
Meckfeld
Kornhochheim
Molsdorf
Bechstedt-Wagd
Klettbach
Tiefengruben
Apfelstädt
Neudietendorf
Schloss Molsdorf
Rockhausen
Nauendorf
Kreuz Erfurt
Werningsleben
Tonndorf
Burg Gleichen
Sülzenbrücken
Eischleben
Riechheimer B.
Thörey
Kirchheim
Wachsenburggemeinde
Ichtershausen
Gügleben
Riechheim
Hohenfelden
München
Tannroda
Haarhausen
Rehestädt
Elxleben
Mühlberg
Klassikerstr.
Wachsenburg
Kirchheimer Höhe
Elleben
Röhrensee
Rudisleben
Osthausen
Kranichfeld
Alkersleben
Thangelstedt
Holzhausen
Arnstadt-Nord
Wülfershausen
Dornheim
Ettischleben
Stedten
Kottendorf
Bittstädt
Bachkirche
Achelstädt
Barchfeld
Wind-B.
ARNSTADT
Arnstadt-Süd
Bösleben
Witzleben
Ritterseh
Oberndorf
Marlishausen
Ellichleben
Deutsche Alleenstr.
Hausen
Wüllersleben
Espenfeld
Dienstedt
Dosdorf
Siegelbach
Thüringer Porzellanstr.
Gossel
Dannheim
Hettstedt
Thür. Porzellanstr.
Roda
Breitenheerda
Branchewinda
Ilm
Reinsfeld
Stadtilm
Plaue
Behringen
Gr. Kalm-B.
Liebenstein
Kettmannshausen
Niederwillingen
Oberilm
Döllstädt
Altremda
Rippersroda
Kleinbreitenbach
Wipfra-Ilmtal
Griesheim
Großliebringen
Ehrenstein
Remda
Gräfenroda
Hammersfeld
Angelroda
Schmerfeld
Wipfra
Neuroda
Kleinliebringen
Nahwinden
Sundremda
Neusiß
Traßdorf
Heyda
Dörnfeld
Geilsdorf
Deutsche Alleenstraße
Geschwenda
Klassikerstr.
Gösselborn
Martinroda
Cottendorf
Hengelbach
Gräfenroda
Singen
Geraberg
Il.-West
Ilmenau-Ost
Thälendorf
Keilhau
Bücheloh
Solsdorf
Ober-pörlitz
Wolfsberg
Paulinzella
Elgersburg
Unterpörlitz
Gräfinau-Angstedt
Klassikerstraße
Roda
Milbitz
Quittelsdorf
Wümbach
Rottenbach
Watzdorf
ILMENAU
Goethe-Gedenkstätte
Horba
Bad Blankenburg
Köditz
Cordobang
Manebach
Langewiesen
Dörnfeld an der Heide
Kickelhahn
Königsee
Bechstedt
Klassikerstraße
Pennewitz
Lichta
Goethehäuschen
Oehrenstock
Jesuborn
Garsitz
Allendorf
Gehren
Aschau
Dittersdorf
Unterschöbling
Schwarzburg
Thüringer
Oberschöbling
Unterhain
Burkersdorf
Stützerbach
Egelsdorf
Schloss Schwarzburg
Wald
Herschdorf
Oberhain
Sitzendorf
Fürsten-B.
Möhrenbach
Döbischau
Barigau
Neu-Leibis
Unterweißbach
Döschnitz
Schmiedefeld am Rennsteig
Allersdorf
Glasbach
Quittels-B.
Wittgendorf
Schwarza

Hardisleben
Olbersleben
Eßleben
Braunsroda
Frankroda
Burgheßler
Pomnitz
Niedermöllern
Herrengosserstedt
Naturpark
Saale-Unstrut-Triasland
Marienthal
Gößnitz
Mannstedt
Lossa
Burgholzhausen
Str. der Romanik
Spielberg
Punschrau
Bad Kösen
Zisterzienser-Kl.
Teutleben
Lißdorf
Taugwitz
Hassenhausen
Buttstädt
Niederholzhausen
Eckartsberga
Rehehausen
Stendorf
Rudelsburg
Heiligenkreuz
Tromsdorf
Seena
Sachsen-Anhalt
Thüringen
Sonnendorf
Rudersdorf
Gebstedt
Kleinheringen
Crölpa-Löbschütz
Niederreißen
Nirmsdorf
Reisdorf
Auerstedt
Großheringen
Schieben
Neustedt
Toskana-Therme
Haindorf
Oberreißen
Willerstedt
Rannstedt
Leislau
Nermsdorf
Ködderitzsch
Bad Sulza
Eberstedt
Ilm
Darnstedt
Buttelstedt
Abtlöbnitz
Daasdorf
Rohrbach
Obertrebra
Niedertrebra
Tümpling
Pfiffelbach
Wickerstedt
Schmiedehausen
Mattstedt
Escherode
Camburg
Zöthen
Leutenthal
Flurstedt
Kleinprießnitz
Sachsenhausen
Wersdorf
Zottelstedt
Münchengosserstadt
Liebstedt
Nauendorf
Großobringen
Niederroßla
Pfuhlsborn
Rodameuschel
Eckolstädt
Wichmar
Thierschneck
Utenbach
Wohlsborn
Wormstedt
Frauenprießnitz
Oßmannstedt
Glockenmuseum
Saaleplatte
Wilsdorf
Oberroßla
Kösnitz
Steudnitz
Schöndorf
Dornburg
Wetzdorf
Ulrichshalben
APOLDA
(182)
Stobra
Zimmern
Schlösser
Dorndorf-Steudnitz
Kromsdorf
Rödigsdorf
Herressen
Schöten
Stiebritz
Rockau
Denstedt
Hainichen
Tautenburg
Tiefurt
Schwabsdorf
Oberndorf
Hermstedt
Nerkewitz
Schloss Tiefurt
Wiegendorf
Kleinromstedt
Lehesten
Neuengönna
Süßenborn
Großromstedt
Porstendorf
Golmsdorf
Goethehaus
Umpferstedt
Kapellendorf
Altengönna
WEIMAR
(208)
Vierzehnheiligen
Beutnitz
Löberschütz
Frankendorf
Kötschau
Zwätzen
Poxdorf
Hammerstedt
Isserstedt
Lützeroda
Closewitz
Kunitz
Jenalöbnitz
Graitschen
Hohlstedt
Klassikerstr.
Löbstedt
Nausnitz
Schloss Belvedere
Taubach
Cospeda
Laasan
Taupadel
Bürgel
Mellingen
Lehnstedt
Remderoda
Wogau
Rodigast-Lucka
Großschwabhsn.
Jena-Ost
Thalbürgel
Vollersroda
Klein-schwabhausen
Münchenroda
Marktplatz
Optisches Museum
Jena-prießnitz
Großlöbichau
Buchfart
Oettern
Döbritschen
Kiliansroda
E40
Schöngleina
Scheiditz
JENA
(160)
Maina
Magdala
Coppanz
Lobeda
Rabis
Schlöben
Mechelroda
Göttern
422
Coppanzer B.
Ammerbach
Drackendorf
Lotschen
Berka
Kaitsch
497
Magdala
Niedersynderstedt
Jena-Lobeda
Saalborn
Bucha
Ilmnitz
Gröben
Ruttersdorf
Krakau
Lohma
Schorba
Jena-Göschwitz
Söllnitz
Tromlitz
Maua
Zöllnitz
Laasdorf
Hainbuch
Quirla
Obersynderstedt
Lößnitz
Leutra
Sulza
Rausdorf
Rottdorf
Meckfeld
Milda
Zimmritz
Dürrengleina
Großbockedra
Stadtroda
Geisenhain
Tissa
Altdörnfeld
Lotschen
Rothenstein
Klein-bockedra
Obergneus
Tröbnitz
Großkröbitz
Keßlar
Rodias
Altendorf
Jägersdorf
Untergneus
Waltersdorf
Rettwitz
Neudörnfeld
Altenberga
Großpürschütz
Unterbodnitz
Lengefeld
Kottenhain
Drößnitz
450
Röttelmisch
Leuchtenburg
Meusebach
Ratte
Neckeroda
Reinstädt
Gumperda
Oberbodnitz
Wintersroda
Geunitz
Bibra
Kahla
Seitenbrück
Brems
Thüringer Porzellanstr.
Zweifelbach
Eichenberg
Seitenroda
Schmieden
Engerda
Dienstädt
Großeutersdorf
Lindig
Trockenborn-Wolfersdorf
Kleinbucha
Kleineutersdorf
Kleinkochberg
Rödelwitz
446
Buch-Bge.
Schmölln
Stanau
Dorndorf
Orlamünde
Breitenhain
Großkochberg
Neusitz
Heilingen
Hummelshain
Kuhfraß
Beutelsdorf
Freienorla
Kessla
Mötzelbach
Partschefeld
Lichtenau
Teichröda
Zeutsch
Niederkrossen
Langendembach
Teichweiden
Klassikerstraße
404
Uhlstädt
Neustadt
Ammelstädt
Langenorla
Kleindembach
Lausnitz
Neunhofen
Kirchhasel
Saale
Rückersdorf
Schweinitz
Kolba
Moderwitz
Rudolstadt
(209)
Etzelbach
Weißen
Friedebach
Hütten
Schloss Heidecksburg
Catharinau
Kolkwitz
Weißbach
Hummels-B.
Rehmen
Oppurg
Kospoda
Weira
370
Herschdorf
Pößneck
Nimritz
Cumbach
Hintere Heide
Thüringer Holzland
Döbritz
Solkwitz
Oberoppurg
Oberpreilipp
Langenschade
Trannroda
Bodelwitz
Quaschwitz
Unterpreilipp
Schloßkulm
481
Zella
Krölpa
Gertewitz
535
Reichenbach
Rockendorf
Wernburg
Probstzella
Dorfkulm
Vordere Heide
Lausnitz
Burg Ranis
Grobengereuth
Daumitsch
Dreba
Aue am Berg
Röblitz
Birkigt
281
Gräfendorf
Peuschen
Deutsche Alleenstr.
Oelsen
Bahren
Knau
Beulwitz
Könitz
Dobian
Wöhlsdorf
Posen
Hoher Schwarm
Unterwellenborn
Seisla
Schmorda
Saalfeld
(234)
Rathaus
Kamsdorf
Goßwitz
Bucha
Moxa
Keila
Bucha
Wittmannsgereuth
Breternitz
Fischersdorf
Bier- und Burgenstraße
506
Wilhelmsdorf
NP Thüringer Schiefergeb./Obere Saale
Tausa
Reschwitz
Kaulsdorf
Gössitz
Paska
Volkmannsdorf
Arnsgereuth
Weischwitz
Eichicht
Hohenwarte
Schöndorf
Ziegenrück
Knobelsdorf
Eyba
Schmitten-B.
Altengesees
Crispendorf

MARCO POLO

Für Ihre nächste Reise gibt es folgende Titel:

Deutschland

Allgäu
Amrum/Föhr
Bayerischer Wald
Berlin
Bodensee
Chiemgau/Berchtesgaden
Dresden
Düsseldorf
Eifel
Erzgebirge/Vogtland
Franken
Frankfurt
Hamburg
Harz
Heidelberg
Köln
Leipzig
Lüneburger Heide
Mark Brandenburg
Mecklenburgische Seenplatte
Mosel
München
Nordseeküste: Schleswig-Holstein
Oberbayern
Ostfries. Inseln
Ostfriesland: Nordseeküste Niedersachsen
Ostseeküste: Mecklenburg-Vorpommern
Ostseeküste: Schleswig-Holstein
Pfalz
Potsdam
Rügen
Ruhrgebiet
Schwarzwald
Spreewald/Lausitz
Stuttgart
Sylt
Thüringen
Usedom
Weimar

Frankreich

Bretagne
Burgund
Côte d'Azur
Disneyland Paris
Elsass
Frankreich
Frz. Atlantikküste
Korsika
Languedoc-Roussillon
Loire-Tal
Normandie
Paris
Provence

Italien Malta

Apulien
Capri
Dolomiten
Elba
Emilia-Romagna
Florenz
Gardasee
Golf von Neapel
Ischia
Italien
Italien Nord
Italien Süd
Ital. Adria
Ligurien
Mailand/Lombardei
Malta
Oberital. Seen
Piemont/Turin
Rom
Sardinien
Sizilien
Südtirol
Toskana
Umbrien
Venedig
Venetien/Friaul

Spanien Portugal

Algarve
Andalusien
Barcelona
Costa Blanca
Costa Brava
Costa del Sol/Granada
Fuerteventura
Gomera/Hierro
Gran Canaria
Ibiza/Formentera
Lanzarote
La Palma
Lissabon
Madeira
Madrid
Mallorca
Menorca
Portugal
Spanien
Teneriffa

Nordeuropa

Bornholm
Dänemark
Finnland
Island
Kopenhagen
Norwegen
Schweden

Osteuropa

Baltikum
Budapest
Königsberg/Ostpreußen Nord
Masurische Seen
Moskau
Plattensee
Polen
Prag
Riesengebirge
Rumänien
Russland
St. Petersburg
Slowakei
Tschechien
Ungarn

Österreich Schweiz

Berner Oberland/Bern
Kärnten
Österreich
Salzburger Land
Schweiz
Tessin
Tirol
Wien
Zürich

Westeuropa und Benelux

Amsterdam
Brüssel
England
Flandern
Irland
Kanalinseln
London
Luxemburg
Niederländ. Küste
Niederlande
Schottland
Südengland
Wales

Südosteuropa

Athen
Bulgarien
Chalkidiki
Griechenland Festland
Griechische Inseln/Ägäis
Ionische Inseln
Istrien/Kvarner
Istanbul
Korfu
Kos
Kreta
Kroatische Küste
Peloponnes
Rhodos
Samos
Slowenien
Türkei
Türkische Mittelmeerküste
Zypern

Nordamerika

Alaska
Chicago und die Großen Seen
Florida
Hawaii
Kalifornien
Kanada
Kanada Ost
Kanada West
Los Angeles
New York
Rocky Mountains
San Francisco
USA
USA Neuengland
USA Ost
USA Südstaaten
USA Südwest
USA West
Washington, D.C.

Mittel- und Südamerika Antarktis

Antarktis
Argentinien/Buenos Aires
Bahamas
Brasilien
Chile
Costa Rica
Dominikanische Republik
Ecuador/Galapagos
Jamaika
Karibik I
Karibik II
Kuba
Mexiko
Peru/Bolivien
Südamerika
Venezuela
Yucatán

Afrika Vorderer Orient

Ägypten
Djerba/Südtunesien
Dubai/Emirate/Oman
Israel
Jemen
Jerusalem
Jordanien
Kenia
Libanon
Marokko
Namibia
Südafrika
Syrien
Türkei
Türkische Mittelmeerküste
Tunesien

Asien

Bali/Lombok
Bangkok
China
Hongkong/Macau
Indien
Japan
Ko Samui/Ko Phangan
Malaysia
Nepal
Peking
Philippinen
Phuket
Singapur
Sri Lanka
Taiwan
Thailand
Tokio
Vietnam

Indischer Ozean Pazifik

Australien
Hawaii
Malediven
Mauritius
Neuseeland
Seychellen
Südsee

Sprachführer

Arabisch
Englisch
Französisch
Griechisch
Italienisch
Kroatisch
Niederländisch
Norwegisch
Polnisch
Portugiesisch
Russisch
Schwedisch
Spanisch
Tschechisch
Türkisch
Ungarisch

In diesem Register finden Sie alle in diesem Führer beschriebenen Sehenswürdigkeiten, Museen und Ausflugsziele sowie wichtige Personennamen. Halbfette Seitenzahlen verweisen auf den Haupteintrag, kursive auf ein Foto.

Schreiben Sie uns!

Liebe Leserin, lieber Leser,

wir setzen alles daran, Ihnen möglichst aktuelle Informationen mit auf die Reise zu geben. Dennoch schleichen sich manchmal Fehler ein – trotz gründlicher Recherche unserer Autoren/innen. Sie haben sicherlich Verständnis, dass der Verlag dafür keine Haftung übernehmen kann. Wir freuen uns aber, wenn Sie uns schreiben.

Senden Sie Ihre Post an die Marco Polo Redaktion,
Mairs Geographischer Verlag, Postfach 31 51, 73751 Ostfildern,
marcopolo@mairs.de

Impressum

Titelbild: Goethe-Schiller-Denkmal (transit-Archiv: Hirth)
Fotos: Fotostudio Böttcher (2 o., 79); Feldhoff & Martin (1, 4, 6, 7, 20, 25, 29, 33, 70, 86, 94); J. Fischer (U. M.), R. Freyer (5 l., 22, 36, 38, 49, 54, 56, 57, 60, 65, 66, 68, 74, 82); HB Verlag: Bochow (16), Kiedrowski (17, 90, 93); F. Ihlow (5 r., 11, 34, 61, 77, 88); G. Jung (2 u., 15, 19, 50); H. Lange (71); Mauritius: Elsen (84); A. Mosler (31); M. Rauhe (40, 48, 53); transit-Archiv: Eisler (43), Hirth (U. l., U.r., 9, 12, 18, 45, 99)

7., aktualisierte Auflage 2003 © Mairs Geographischer Verlag, Ostfildern
Herausgeber: Ferdinand Ranft, Chefredakteurin: Marion Zorn
Redaktion: Corinna Walkenhorst, Bildredaktion: Gabriele Forst (Leitung), Carmen Kubitz
Kartografie Cityatlas: © Falk Verlag, Ostfildern
Gestaltung: red.sign, Stuttgart

Printed in Germany. Gedruckt auf 100% chlorfrei gebleichtem Papier

Bloß nicht!

Worauf Sie achten sollten, damit Ihre Freude am Weimar-Besuch nicht getrübt wird

Die Geduld verlieren
Mai und Juni, September und Oktober sind für den Städtetourismus die beliebtesten Monate. Da kann es passieren, dass in Goethes oder Schillers Wohnhaus und in Goethes Gartenhaus im Ilmpark nicht gleich Eintritt gewährt wird. Geduld und Verständnis sind angebracht, denn aus konservatorischen Gründen ist die tägliche Besucherzahl limitiert. Dies gilt auch für den Rokokosaal der Herzogin Anna Amalia Bibliothek, den täglich maximal 80 Personen besuchen dürfen. Am Montag haben, wie international üblich, auch in Weimar viele Museen geschlossen.

Mundarten verwechseln
Einen eigenen Thüringer Dialekt gibt es nicht, »in Düringe schwoatzt fast jeder anersd«. In der Gegend von Weimar wird die Sprechweise weich, das k zum g, p zum b. Verwechseln Sie diese Sprechweise bloß nicht mit dem Sächsischen, dem sie ähnelt. Und unterlassen Sie es auch, wie die Einheimischen sprechen zu wollen, Sie machen sich nur lächerlich.

Warme Kleidung vergessen
In der Parkhöhle beträgt das ganze Jahr über die Temperatur meist nur neun Grad. Deshalb an warmen Sommertagen bloß nicht im Sommerlook in das 12 m unter dem Ilmpark liegende Stollensystem steigen. Festes Schuhwerk ist ebenfalls angebracht. Pullover oder Jacke sollten Sie auch zum Besuch der Gedenkstätte Buchenwald mitnehmen, denn auf dem Ettersberg pfeift meist ein kühler Wind, der einen schnell frieren lässt.

Schwarzfahren
Wenn Sie bei der Benutzung öffentlicher Verkehrsmittel keinen gültigen Fahrausweis besitzen, sind Sie Schwarzfahrer und müssen 30 Euro Strafe zahlen. Die Kontrolleure lassen sich auch nicht von dem Argument beeindrucken, dass Sie Tourist sind und nicht wussten, dass beim einmalig gestatteten Umsteigen in eine Richtung kein kleiner Shoppingbummel eingelegt werden darf.

Unachtsam sein
Im Einkaufsgedränge beispielsweise achtet jeder auf Taschen und Kameras. Wer tut das aber schon im Foyer des Goethe Nationalmuseums? Hier glaubt man sich im Kreis von Kunstfreunden und schenkt Geldbörse, Brief- und Handtasche keine Aufmerksamkeit. Das sollte man aber tun – obwohl Weimar keine sonderlich gefährliche Stadt ist –, damit Taschendiebe kein leichtes Spiel haben.